배워서 바로 실천하는 교사교육과정①

2022 개정 교육과정 적용 대비

개별 맞춤형 교육을 위한
개념 기반 교사교육과정 [실천편]

교육콘텐츠lab [행동]

한경화 김동인 정명철 이수경 이현희 이광희 조수민 지음

교육과학사

프롤로그

특수교육 현장에서 흔하게 사용되는 단어 중에 하나가 '다양한'이라는 말이다. 특수교육에서는 개별화교육을 위해 집단보다는 개인, 보편성보다는 특수성을 강조한다. 범주화하기 어려운 특수교육 대상 학생들의 특성과 수많은 교육적 요구, 그에 따라 제공되어야 하는 지원과 교육내용, 방법, 결과 등을 통칭하기에 '다양한'이라는 단어는 사용하기 가장 편한 말일지도 모른다.

그렇다면 특수교육 현장에서는 특수교육 대상 학생들의 '다양한' 장애 유형과 특성, 교육적 요구 등을 반영하여 그들에게 필요한 '다양한' 교육 내용을, '다양한' 방법으로 설계하여 가르치고 있는가.

많은 교사들이 느끼겠지만 '다양한'이라는 단어는 특수교육 대상 학생들마다의 정의하기 어려운 특수성을 '있어 보이게' 표현할 수 있는 단어일 수 있다. 그렇다고 가벼이 쓸 수 있는 단어 또한 아니다. 거기에는 여러 가지 이유가 있을 수 있다.

'수업'이라는 측면에서 생각해보면 교육 전문가인 교사들은 학생들이 배워야 하는 다양한 것들이 무엇인지 구체적으로 설명할 수 있어야 한다. 또한 학생들의 특성과 교육적 요구에 따라 구체적인 방법과 자료, 과정을 통해 설정한 목표를 경험시키고 도달할 수 있게 설계할 수 있어야 한다.

즉 '내'가 가르쳐야 하는 특수교육 대상 학생들의 특성과 교육적 요구를 고려하여 지금, 여기 그리고 우리가 함께 살아가야 하는 삶 속에서 요구되는 '지식・이해, 과정・기능, 가치・태도'를 구체화시킬 수 있어야 한다. 또한 그것을 배우는 과정과 평가를 통해 성찰과 성장의 기회를 제공할 수 있어야 한다.

결국, 교사는 학생들이 가지고 있는 '다양성'을 바탕으로 교사교육과정을 설계하고 수업과 평가의 과정을 통해 교사교육과정을 생성해 낼 수 있는 전문성이 있어야 한다. 이와 같은 전문성은 비단 특수교사에게만 요구되는 것은 아닐 것이다. 이 시대를 살아가는 모든 교사에게 요구된다고 볼 수 있다.

개념 기반 교육과정 설계는 '다양한'이라는, 흔하게 사용하지만 막연할 수 있는 단어를 선명하고 구체적으로 볼 수 있게 도와준다. 특히 2015 개정 교육과정과 특수교육 교육과정에서 강조된 '역량'이라는 것이 구체적으로 무엇을 의미하는지 명확하지 않다는 지적이 있었다.

2022 개정 교육과정과 특수교육 교육과정에서는 총론에서 제시한 핵심역량(자기관리 역량, 지식정보처리 역량, 창의적 사고 역량, 심미적 감성역량, 협력적 소통 역량, 공동체 역량)과 교과 역량의 연계성을 강화하고 교과 교육과정에서의 역량을 구체적으로 담기 위해 노력하였다. 그러나

이것 또한 고시된 문서로 존재하는 것이기 때문에 교육 현장에서 실체화되기 위해서는 교육과정 문해력을 바탕으로 교사교육과정을 생성해 낼 수 있는 교사의 전문성이 요구된다고 말할 수 있다.

개념 기반 교육과정은 교사가 교육과정을 읽고 해석하여 학생들에게 가르쳐야 할 것, 가르치고자 하는 것을 분석해 내고 체계화할 수 있는 '관점'과 '방법'을 제시해 준다. 즉 교사가 교사교육과정 설계를 위해 선택한 역량 또는 단원, 주제에 대해 그것이 어떤 개념과 내용들을 포함할 수 있는지 '개념적 렌즈'를 제시하고 있으며 이를 구조화할 수 있는 방법을 안내하고 있다.

이 책은 개념 기반 교육과정 바탕으로 교사교육과정을 설계하는 과정과 사례를 담고 있다.

1장에서는 개별 맞춤형 교사교육과정 설계 방법을 제시하여 기본 개념과 전체 과정을 탐색할 수 있게 구성하였다.

2장에서는 개별 교사가 개념 기반으로 교사교육과정을 설계하고 실천한 사례를 구체적으로 담았다. 특히 일반학교 순회교육과 특수학급, 특수학교의 사례를 각각 담아 특수교육현장의 다양한 교육 상황과 여건에서 어떻게 개념 기반 교사교육과정을 실천했는지 강조하였다.

3장에서는 개념 기반으로 공동의 교사교육과정을 설계하고 그것을 각급 교실에서 실천한 사례를 담았다. 이 장을 통해 집단지성으로 설계된 탄탄한 교육과정이 교실에서 다양한 학생들을 만났을 때 얼마나 근사하게 변하는지 목격할 수 있을 것이다.

우리는 늘 이런 고민을 한다.

'내가 가르치는 내용이 적절한가, 이렇게 하는 것이 맞는가, 이렇게 해도 되는가'

누군가는 대수롭지 않게 넘길 수 있는 질문에 대해 교사인 우리는 스스로에게 질문을 던지며 그에 대한 해답을 찾기 위해 고민하고 노력한다. 「개념 기반 교사교육과정 실천편」은 그런 교사들이 모여 나름대로의 실마리를 찾고자 함께 연구하고 실천하여 만든 책이다. 그래서 내용과 방법 또한 실제적이다. 그렇기에 교육과정과 수업에 대한 관심과 실천하고자 하는 의지를 가진 교사라면 해봄직할 것이라 확신한다.

끝으로 지금도 어딘가에서 홀로 고민하고 외로이 실천하고 있을 교사들에게 이 책이 잠깐의 쉼과 명쾌함을 주길 바란다.

- 저자 일동

목차

제1장 개별 맞춤형 교사교육과정 설계 방법 탐색하기

제2장 개념 기반 교육과정으로 교사교육과정 실천하기

목차

제 1 장

개별 맞춤형 교사교육과정 설계 방법 탐색하기

어렵게만 느껴지는 수업주제,
과연 우리 학생들이 잘
배울 수 있을까요?
아이들의 삶에서부터
수업을 시작해보세요.

01 개념 기반 교육과정으로 맞춤형 단원 설계하기

Step 1 개념 기반 교육과정 탐색하기

하나, 개념 기반 교육과정의 개념

2015 특수교육 교육과정은 2015 초・중등학교 교육과정과 동일하게 학생이 갖춰야 할 기본 역량을 기반으로 설계된 역량(Competency) 중심 교육과정이다. 역량은 많은 연구자들의 정의가 각각 있듯, 눈에 명확히 보이지 않으며 측정과 평가도 쉽지 않다. 그래서 역량에 대한 본질적인 질문이 지속되었으며 역량을 중심으로 한 2015 개정 교육과정의 모호성 문제는 쉽게 해결되기 어려웠다.

2022 개정 교육과정은 '개념 기반'으로 설계되었다. 개념 기반 교육과정은 OECD 회원국 교육정책에 발맞춰 과도하게 교과를 구분하거나 학습 주제를 선정하는 것은 지양하고 '개념적 이해 및 핵심 지식'에 초점을 맞추어 설계되었다.[1] 교과 교육과정의 성취기준 진술 또한 개념 기반 교육과정에 맞게 다음과 같이 수정되었다.

2022 개정 교육과정에서 성취기준은 개념 기반 교육과정에 따라 '지식・이해', '과정・기능', '가치・태도'의 3가지 차원이 통합되어 있으며 앎과 행동 중간에 **개념적 '이해(Understand)'**가 수반되어 있다는 특징이 있다.

1) 구덕회, 이금희(2023). 개념기반 교육과정에 따른 초등학교 정보 교육 성취기준 개선 방안. 정보교육학회, 27(1), 1-10.

<2015-2022 개정 교육과정의 내용 체계와 성취기준 비교>

구분	2015 개정 교육과정	2022 개정 교육과정
내용 체계	• 영역, 핵심 개념, 일반화된 지식, 내용 요소, 기능을 표로 전 교과 공통으로 동일하게 제시	• 교과별로 얼개를 드러내는 핵심 아이디어(빅아이디어)를 선정하고, 내용체계표를 '지식 · 이해', '과정 · 기능', '가치 · 태도'로 구성하되 교과별로 구현 방식을 다양화할 수 있음
	• 내용 요소는 일반화된 지식과 관련된 구체적인 학습 요소를 단어로 나열	• 지식 · 이해: 핵심 아이디어를 해당 학년의 학습 내용과 결부된 일반화된 형태로 구체화하는 것을 원칙으로 하되 교과별로 제시 방식 다양화
	• 기능을 영역별로 학교급 공통으로 나열식으로 제시	• 과정 · 기능: 교과 고유의 탐구 및 사고 과정과 기능을 명료화하고 학교급이 올라갈수록 심화되는 방식
		• 가치 · 태도: 교과 활동을 통해서 학생들이 갖추기 기대하는 가치와 태도를 제시
성취 기준	• 영역을 대표하는 핵심개념별로 학년(군)별 내용과 기능을 정합한 문장 형태로 진술	• 지식 · 이해, 과정 · 기능, 가치 및 태도를 의미 있게 통합하여 진술하지만, 각 차원을 진술 혹은 두 차원 이상을 통합하여 진술하는 것도 가능 • 영역의 층위에서 학년(군)별로 교과 학습 결과로서 학생이 할 수 있어야 할 진술문으로 제시

개념적 이해는 일련의 **사실관계 및 지식을 습득**한 후에 개념적 사고를 통한 **원리를 발견**하고 **일반화에 이른 상태라**고 볼 수 있다. 즉 2022 개정 교육과정은 2015 개정 교육과정을 크게 벗어나지는 않는다. 그러나 개념 기반 교육과정으로 설계된 만큼 성취기준 기준 서술에서 개념적 이해를 드러내야 한다는 점이 강조되고 있다.

개념 기반 교육과정은 지식의 가장 낮은 수준인 사실이나 이해를 습득하는 것을 넘어 **개념을 바탕으로 통합적인 사고 과정을 통해 다른 지식으로 전이, 나아가 실제 생활에서 필요한 지식과 기능을 학습**하는 것이다. 즉 '단순히 잘 알면, 할 수 있다, 한다.'의 관점에서 개념적 이해와 비판적 내용 지식, 수행능력의 발달을 강조한 고등사고 기술과 실제적 수행능력의 발달을 강조하는 교육과정이라고 할 수 있다. 따라서 2022 개정 교육과정에서 이론적 근거가 되는 개념 기반 교육과정을 관철하고, 이를 반영한 '깊이 있는 학습'이 이루어지기 위해서는 **교사교육과정 또한 개념 기반 교육과정으로 설계**될 필요가 있다.

2022 특수교육 교육과정의 교과 교육과정 또한 동일한 내용 체계와 성취기준 기술 방식을 취하고 있다. 따라서 교과서를 중심으로 또는 성취기준 중심, 주제 중심으로 교사교육과정을 설계할 때 **어떤 개념을 습득**하고, **어떤 과정을 통해 원리를 발견**하고, **일반화**에 이르게 할지 고민이 이루어져야 한다.

<개념 기반 교육과정의 주요 용어 정리>

■ **개념(concept)**

여러 대상이나 현상의 '공통된 특성'에 기초하여 하나의 범주로 분류하기 위해 인위적으로 만든 추상적 용어이다. 개념은 수많은 현상이나 사실을 일일이 암기하지 않더라도 다양하고 복잡한 현상을 간단하게 이해하고 설명하는 것을 도와준다.

■ **개념적 렌즈(conceptual lens)**

개념적 렌즈는 단원 내용을 전체 관통하는 대표적인 지식이다. 곧 단원 전체에서 학습에 시너지를 내는 사고(synergistic)와 관련된 아이디어(idea) 또는 큰 개념(big concept)이라고 할 수 있다. 한 단원에 한 개 이상의 개념적 렌즈가 사용될 수 있다.

■ **단원(unit)**

단원은 교수·학습의 설계자가 개념적으로 관련이 있는 여러 개의 성취기준을 선정하여 학습 주제로 묶어 제시하는 학습의 덩어리이다. 교육과정 내에서 교사가 성취기준의 보음을 동하여 새롭게 계획하여 설정하는 단원이다.

■ **스트랜드(strand)**

개념적 렌즈가 식물에서 줄기라면 스트랜드는 가지가 된다. 스트랜드는 단원을 이루고 있는 여러 주제와 여러 개념들을 연계시키는 매개체 역할을 한다. 책에서 장(章)을 이루고 있는 하위 목차들에 해당된다.

■ **일반화(generalization)**

학생들이 개념을 통해 어떤 명제에 도달하는 것으로 개념과 개념의 관계를 경험적 자료를 가지고 증명한 보편성이 있는 서술이다. 예를 들어 자료를 통해 대도시일수록 범죄율이 높다고 증명된 명제를 학생들은 학습을 통해 증거를 수집하고 탐구하여 스스로 입증한다. 즉 증명된 명제가 학습의 대상이 된다.

■ **핵심 질문(key question)**

수업 전 준비해야 할 질문으로, 질문을 통해 학생들은 학습 내용을 탐구하고 궁극적으로 질문에 대한 정리된 학습 내용을 모아 자기 나름의 결론을 제시하게 된다. 그것이 곧 일반화이다. 결국 핵심 질문은 일반화를 도출하는 데 필요한 주요 학습 내용을 탐구할 수 있도록 안내하는 길잡이가 된다.

■ **핵심기능(key skills)**

개념 기반 교육과정에서 핵심 개념은 탐구하는 그 자체로 탐구하는 데 의미를 두기보다 알게 된 것을 사용하는 역량을 강조한다. 즉 알게 된 지식을 새로운 상황에 적용하도록 해야 한다.

* 「개념 기반 교육과정 및 평가의 이론과 실제」에서 발췌・수정하였음

둘, 이해 중심 교육과정과 개념 기반 교육과정 비교

이해 중심 교육과정(Understanding by Design: UbD)은 1980년부터 2000년대 초반까지의 미국의 교육개혁 운동과 관련이 있다. 2000년대 초반 미국 부시 정부가 발표한 **낙오학생방지법(NCLB: No Child Left Behind)**과 **연간 진보 계획(AYP: Adequate Yearly Progress)**에 따라 학생의 학업성취도에 대한 교사의 책무성이 강조되었으며 학생들의 학업성취도 향상을 위해 다양한 노력이 시도되었다.

Wiggins와 McTighe는 평가 전문가로서, 성취기준을 기반으로 교육과정과 수업 설계에 대한 관심을 갖고, 학생들의 영속하는 이해를 달성하기 위한 이해 중심 교육과정을 개

발하였다. 이해 중심 교육과정은 **2015 개정 교육과정의 교과 성취기준 진술 방식을 수행 중심으로 개선**하는 데 영향을 미쳤다고 볼 수 있다. 특히 피상적으로 이루어지는 교과서 중심의 수업과 무의도적으로 이루어지는 활동 중심의 수업을 비판하고, **학생들의 영속하는 이해를 강조**하고 있다.

이해 중심 교육과정에서 '교육과정'은 우리가 인식하고 있는 문서로서의 교육과정이라기보다 **'교수·설계'에 해당**된다. 여기에서의 교수·학습은 차시 차원이 아닌 **'단원 수준'에서의 교수·학습 계획**을 의미한다. 따라서 **'교사교육과정'에서의 교육과정 또한 '단원 수준'에서의 교수·학습 계획**으로 이해하는 것이 필요하다.

이해 중심 교육과정의 단원 설계는 학생들의 이해력을 향상시키기 위해 평가와 수업의 일관성을 구현하기 위한 설계 모형으로 아래 그림과 같이 개발되었으며 **목표 설정-평가계획-수업 계획 등의 3단계**로 이루어진다.

<포워드 설계 접근 방법과 이해 중심 교육과정 설계 접근 방법의 비교>

포워드 설계 접근 방법	이해 중심 교육과정 설계 접근 방법
목표 설정	바라는 결과의 확인(목표 설정)
↓	↓
수업 계획	수용 가능한 증거 결정(평가 계획)
↓	↓
평가 계획	학습경험과 수업 계획(수업 계획)

* 「개념 기반 교육과정 및 평가의 이론과 실제」에서 발췌.

이해 중심 교육과정과 개념 기반 교육과정의 단원 설계는 다음과 같은 차이가 있다. 이해 중심 교육과정에서는 영속적 이해라 할 수 있는 일반화된 원리에 대한 습득과 과정이 모호한 면이 있다. 반면 개념 기반 교육과정에서는 단원 설계 시 학습내용, 학습 기술 및 개념 간의 상호작용을 통한 개념적 이해(일반화 원리)의 과정을 더 구체적으로 안내한다. 다시 말해 개념 기반 교육과정에서는 일반화의 원리를 습득하기 위해 질문(사실적, 개념적, 논쟁적)을 통해 학습자의 사고를 자극하고, 학습 목표와 대응하는 과제 수행의 학습 경험과 성찰을 통해 개념적 이해에 도달할 수 있게 단원 설계의 얼개를 제시한다.[2)]

<이해 중심 교육과정과 개념 기반 교육과정 단원 구성 비교>

구분	이해 중심 교육과정	개념 기반 교육과정
단원 제목	• 단원 내용과 관련된 이름만 제시함 또는 내용 없이 몇 가지 학습기술을 제시하기도 함(예: 문법)	• 학습 내용을 명확히 하며 학생의 관심을 유도할 수 있는 주체나 흥미로운 질문의 형태로 제시될 수 있음(예: 누가 했을까?; 추리소설을 지속적으로 추리하게 만드는 방법 탐색하기)
개념적 렌즈	• 없음	• 단원학습을 하는 동안 개념적 렌즈는 구체적인 사례들에 대해 광범위하게 사고의 초점을 제공하고 통합적인(synergistic) 사고를 가져와 상승효과를 유발함
일반화 원리	• 빅아이디어나 필수질문으로 표기되나 명확하게 나타나지 않음	• 일반화 원리는 단원의 끝에 학생들이 이해할 수 있도록 기대되는 바로서 개념적 렌즈나 학습 과정에서 해결될 것으로 기대되는 개념적 이해와 같은 의미임 • 개념 기반 교육과정에서는 학생들에게 일반화 원리를 직접적으로 전달하지 않으며 교사의 질문을 통해 학생들이 스스로 구성해 가는 생각을 의미함

셋, 개념 기반 교육과정으로 정교화되는 특수교사의 교육과정

특수교육에서 개념 기반 교육과정은 왜 필요할까? 2022 개정 교육과정이 개념 기반

2) 조호제 외(2022). 2022 개정 교육과정에 대비한 개념 기반 교육과정 및 평가의 이론과 실제. 서울: 박영스토리.

교육과정을 이론적 근거로 하고 있다는 사실 이외에 특수교육 교육과정을 현장에 안착시키고, 무엇보다 학생들에게 필요한 교육을 하기 위해 **개념 기반 교육과정이 왜 필요한가**에 대한 특수교사의 관점을 정리할 필요가 있다.

'백워드 설계(Backward Design)'로 언급되기도 하는 이해 중심 교육과정 설계 접근 방법은 특수교육에서 오래전부터 강조하고 실행하고 있는 **개별화교육계획과 일맥상통**[3]하는 부분이 있다. 예를 들어 개별화교육계획을 수립하기 위해 학생의 교육적 요구를 파악하고, 현행 학습 수행 수준을 분석한다. 이후 학기 목표를 수립하고 학기목표에 대한 평가계획, 교육내용, 교육방법을 계획한다. 수립된 개별화교육계획은 학기 중에 실행하며, 평가결과를 기록한다. 기록된 평가결과는 다음 학기 또는 연도의 개별화교육계획에 반영하게 된다.

개별화교육계획을 수립, 실행하고 평가하는 일련의 과정은 이해 중심 교육과정 설계 접근 방법과 유사하기 때문에 특수교육에서 큰 어려움이 없이 적용할 수 있을 것이다. 그러나 문제는 교육과정이다. 무엇을 가르칠지에 대한 내용 선정과 어떻게 가르칠 것인지에 대한 조직을 얼마나 구체적이고 체계적으로 설계할 수 있을 것인가가 큰 어려움으로 다가올 수 있다. 그런 면에서 개념 기반 교육과정은 주요 개념에 대해 **교사가 가르칠 내용을 선정하고, 어떻게 조직할 것인가에 대한 구체적인 안내와 설계**를 할 수 있도록 도움을 줄 수 있다.

다음은 개념 기반 교육과정으로 교사교육과정을 설계하고 운영한 특수교사가 개념 기반 교육과정에 대해 느낀 바를 정리한 것이다.

---

3) 강은영, 박윤정(2016). 백워드 설계(Backward Design)를 활용한 초등특수학급 교육과정 개발과 IEP와의 연계 방안 탐색. 특수교육저널: 이론과 실천, 17(3), 359-388.

"개념에 대한 많은 내용 중에서 우리 아이들에게 필요한 내용을 강조하고,
덜 필요한 부분을 덜어낼 수 있다."

"가르칠 내용 중 우선적으로 필요한 내용을 '개념적 렌즈'를 통해 골라낼 수 있다.
즉 초점화가 가능하다."

"주제, 개념을 명확하게 구체화시킬 수 있다."

"특수학교에서 기능적 생활 중심으로 가르치고자 할 때 초1~고3까지
구체적인 내용을 일관되게, 위계적으로 가르칠 수 있다."

"일반화에 효과적이다."

위의 내용처럼 개념 기반 교육과정은 무엇을, 어떻게 가르칠지에 대한 생각을 명확하게 정리할 수 있게 도와준다. 또한 교사의 성향에 따라 특정 영역이나 개념, 내용에 편중될 수 있는 위험 요소를 최소화하고 학생에게 가장 필요한 내용을 선정하고 조직할 수 있게 안내한다. 이 외에도 개념 기반으로 **교사교육과정을 설계해 본다면 교사마다의 다양한 경험과 교사교육과정이 개발**될 수 있을 것이다.

Step 2 사례로 보는 개념 기반 교육과정 설계

개념 기반 교육과정으로 설계된 교사교육과정 사례를 분석하면서 각 단계가 실제로 어떤 형태로 나타나는지 살펴보자. 본 사례는 기본 교육과정을 기준으로 설계되었으며 특수학교의 학생들과 함께 생성한 교사교육과정이다.

특수학급을 운영하는 특수교사의 경우 운영하는 교육과정과 배치 환경이 다르기 때문에 학생들의 인지나 학습, 수업 참여 수준에서 차이가 있을 수 있으나 교육과정을 설계하는 방법은 동일하니 교육과정 설계 과정에 초점을 맞춰 살펴보자.

하나, 개념 기반 교육과정으로 설계한 수업 보기

본 사례는 프로젝트 수업으로 '민주시민'이라는 주제를 중심으로 설계되었다. 2015 특수교육 교육과정 기본 교육과정을 기준으로 설계하였으며 전체 수업 계획은 다음과 같다.

프로젝트	프로젝트명	재구성 제재	주요 학습 활동	차시	평가과제	수업 방법
p1	재미를 만들자!	• 우리가 만드는 프로젝트	• 프로젝트 탐구질문 만들기 • 프로젝트명 정하기	1	탐구질문 프로젝트명	토론 수업
		• 규칙으로 만들어지는 재미	• 규칙의 중요성 알기	2	'규칙 지키기' 표어 만들기	플립 러닝
			• 규칙을 지켜 보드게임 하기(규칙 찾기, 모둠별, 팀대표 대항전)	3	규칙 지키기	놀이 수업

프로젝트	프로젝트명	재구성 제재	주요 학습 활동	차시	평가과제	수업 방법
p2	• 나를 따르라	• 방법과 순서를 따라 영상 만들기	• 스마트폰 카메라 사용법 알기 • 영상 만드는 방법 따라 만들기	4~5	사진촬영 하기	플립 러닝
			• 내 마음대로 만들 때와 방법과 순서를 지켰을 때의 작품 비교하기	6	작품 비교	토론 학습
			• 코로나 예방 영상 만들기	7~8	영상 만들기	협동 학습
p3	• 약속으로 아름다워 지는 규칙	• 약속의 아름다움을 찾기	• 약속을 지킬 때와 그렇지 않을 때의 차이 알기	9	'약속 지키기' 표어 만들기	플립 러닝
		• 학교에서 지키는 아름다운 약속	• 학교에서 지킬 수 있는 약속 만들기	10	나만의 약속 -학교-	협동 학습
		• 가정에서 지키는 아름다운 약속	• 가정에서 지킬 수 있는 약속 만들기	11	나만의 약속 -가정-	
		• 작품 나누기	• 모둠별 '표어, 영상' 전시하기 • 작품 감상평 발표하기	12	감상평 발표	토론 학습

수업은 총 12차시로 설계되었으며 '민주시민'이라는 주제에서 '규칙 지키기'라는 개념을 끌어내었는데 여기에서는 '방법'과 '순서', '약속'이라는 내용으로 구체화시켰다. 활용한 수업 방법으로는 플립러닝, 토론수업, 놀이수업, 협동학습 등이 활용되었으며, 평가 방법으로는 포트폴리오 평가를 활용하였다.

둘, 개념 기반 교육과정으로 설계하는 과정 탐색하기

1단계: 단원(주제나 맥락) 설정하기
2단계: 개념적 렌즈를 통한 개념 확인하기
3단계: 개념과 주제에 근접한 스트랜드(strand) 조직하기
4단계: 기대하는 일반화 진술하기
5단계: 안내 질문 만들기
6단계: 중요한 내용 확인하기
7단계: 핵심 기능 파악하기
8단계: 최종 평가와 채점 가이드 또는 루브릭 작성하기
9단계: 학습 활동 설계하기

1단계: 단원(주제나 맥락) 설정하기

교사교육과정은 교사에 따라 다양한 형태로 개발될 수 있는데 이를 유형화시켜보면 크게 교과서의 일부 내용을 대체, 삭제, 추가하는 방식의 **교과서 중심 개발**과 **성취기준 중심, 주제 중심 교사교육과정을 개발**하는 형태로 구분해 볼 수 있다.[4]

이때 중요한 것이 '무엇'을 중심으로 개발할 것인가에 대한 고민, 즉 **주제 혹은 맥락**을 설정하는 것이다.

개념 기반 교육과정 설계에서는 이를 '단원' 혹은 '단원명'으로 명명하고 있는데 개념 기반 교육과정 설계에서 말하는 '단원', '단원명'은 학습의 초점이 무엇인지

4) 김동인, 정은희(2022). 특수교사의 교사 수준 교육과정 개발 연수 프로그램 구성과 효과. 한국청각・언어장애교육연구, 13(3), 97-118.

알려 주고, 중심이 되는 소재나 맥락을 정해주는 역할을 하기에 '주제' 또는 '맥락'으로 이해해도 크게 무리는 없을 것이다.[5)]

여기에서는 '단원' 대신, 교사교육과정 설계에서 우리에게 조금 더 익숙한 용어인 '주제'를 사용하고자 한다.

주제 선정 기준은 다양하다.

첫째, 교과 교육과정 분석을 통해 교과 영역, 핵심 아이디어, 교과 역량 등에서 주제를 끌어올 수 있다. 또는 범교과 학습 주제에서 아이디어를 얻는 것도 좋은 방법이 될 수 있다.

둘째, 특수교육에서 가장 중요한 문서라고 말할 수 있는 **개별화교육계획**에서 주제 설정을 위한 아이디어를 얻을 수 있다. 가령, 우리 학생들의 개별화교육목표가 주로 한글 해득 또는 읽기 이해, 의사소통과 관련되어 있다면 국어 교과와 연계된 주제로 설정하고 '그림책'을 매개체로 하여 교사교육과정을 설계할 수 있을 것이다.

셋째, 학급 특색 활동과 연관된 주제를 설정하는 것이다. 학급 특색 활동은 학교 교육과정의 교육 중점 또는 특색 활동을 반영하여 구성하는 경우가 많다. 따라서 학급 특색 활동과 연관된 주제를 설정한다면 학교 교육과정상의 교육 중점과 학급 교육과정, 교과 교육과정이 일관되게 설계되고 운영될 수 있다는 장점이 있다.

5) Ericson, H, L., Lanning, L, A., & French, R.(2019). 생각하는 교실을 위한 개념기반 교육과정 및 수업. 온정적, 윤지영 공역. 서울: 학지사.

교육중점

S (Social)	H (Health)	I (Initiative)	N (New normal)	E (Environment)
함께하는 민주시민	건강한 자립	실천하는 주도성	준비하는 미래	공존하는 환경
• 마을교육공동체 • 긍정적 행동지원	• 진로·직업 교육 • 자율과 책임의 생활규범실천교육	• 개별 맞춤형 교육과정 운영 • 배움 중심 교수 학습 역량 강화	• 삶 중심 문제해결 역량 강화 • 자기관리 역량 교육	• 기후 위기 대응 교육 • 친환경생태교육

* 「2022학년도 광양햇살학교 교육계획」에서 발췌하였음.

예를 들어 학교의 교육 중점이 다음과 같다고 가정해 보자.

여기에서 '공존하는 환경'의 '기후 위기 대응 교육'을 학급 특색 활동에 반영하여 '탄소 발자국 줄이기'로 정했다고 하자. 이런 경우 기후 변화, 식량 문제, 자연재해, 생태 등과 같은 주제를 이끌어 내어 과학뿐 아니라 국어, 수학, 사회 등 여러 교과에 반영하여 설계할 수 있다.

본 사례에서는 특수학교의 고등학교 진로와 직업 교과의 특성을 고려함과 동시에 당시 이슈가 되었던 '코로나19' 상황과 '민주시민 교육'을 반영하여 '민주시민'을 주제로 설정하였다.

주제 선정 TIP

하나, 교과 교육과정을 분석하여 주제 추출하기: 교과 영역, 핵심 아이디어, 교과 역량 등

둘, 개별화교육계획에서 추출하기: 개별화교육목표(학습기능, 의사소통, 신변자립, 대인관계 등)를 분석하여 공통 주제 찾기

셋, 학급 특색 활동에서 추출: 학교 교육 중점-학급 특색 활동-교과 교육의 일관성 강화에 효과적

2단계: 개념적 렌즈를 통한 개념 확인하기

개념적 렌즈를 통한 개념 확인하기 단계는 교사가 다루는 주제가 사실과 이해를 넘어서는 개념인지 확인하는 것으로 교사가 어떤 개념적 렌즈를 선택하느냐에 따라 같은 주제라 하더라도 가르치고자 하는 방향과 내용이 달라질 수 있다. 때문에 교사의 고착된 사고를 탈피하고 다양한 관점에서 주제에 접근하기 위해서는 개념적 렌즈를 선택하고 나서 학습 내용을 결정하는 것보다, **주제와 관련된 다양한 소재나 내용을 파악한 후 개념적 렌즈를 선택하여 학습 내용을 결정하는 것이 중요**하다고 볼 수 있다.

예를 들어 주제가 '대인관계 유지하기'에 관한 것일 때, '자기의 감정 표현'이라는 렌즈를 선택할 때와 '상황 파악'이라는 렌즈를 선택할 때의 학습 내용은 매우 다르게 구성될 것이다. 이것이 **개념적 렌즈가 가지는 힘이며, 교사에게 필요한 결정적 안목이라고 말할 수 있다.**

본 사례에서는 설정한 주제와 관련된 선행연구를 실시하여 민주시민 의식에 대한 개념과 가치, 핵심요소, 역량에 대한 연구를 살펴보았다. 이를 바탕으로 '민주시민'이라는 주제가 내포하고 있는 다양한 소재와 가치를 다음과 같이 펼쳐 놓았다.

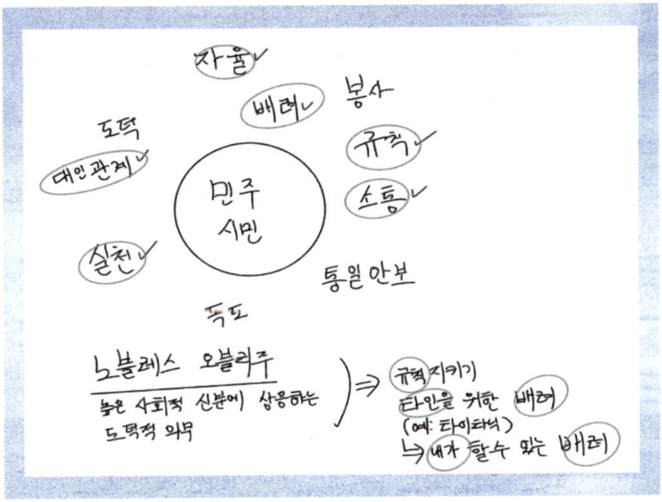

개념적 렌즈로 개념 확인하기

이후 여러 개념을 공통적으로 포함할 수 있는 '대인관계'라는 개념적 렌즈를 통해 '규칙'과 '배려'를 개념으로 확인하였다.

3단계: 개념과 주제에 근접한 스트랜드(strand) 조직하기

스트랜드는 주제의 내용과 개념을 개괄적으로 보여주는 것으로 큰 줄기에서 가지로 뻗어나가는 듯한 이미지를 떠올리면 이해하기 쉽다. 가령, 2022 특수교육 기본 교육과정의 국어 교과에는 듣기・말하기, 읽기, 쓰기 영역이 있다.

국어가 큰 '줄기'라면 듣기・말하기, 읽기, 쓰기는 국어를 채우는 개념과 내용으로 가지가 된다. 또는 읽기 영역을 '줄기'라고 본다면 읽기 영역의 내용 요소는 '가지'가 될 수 있다. 즉 스트랜드는 설정한 주제를 구성하는 개념과 내용을 생각 그물로 구체화한 것으로 이해할 수 있다.

본 사례에서는 '규칙 지키기'를 개념으로 하여 다음과 같이 스트랜드를 조직하였다. '규칙'이라는 개념은 관점에 따라 다양한 접근이 가능했다. 예를 들어 보드게임을 하기 위한 순서를 지키는 것도 규칙이며, 어떤 것을 만들기 위해 알아야 하는 방법 또는 단계도 규칙으로 볼 수 있을 것이라 판단했다. 또한 일상생활에서 이루어지는 약속이라는 것도 개인과 개인, 개인과 집단 간의 규칙이라고 볼 수 있기 때문에 이를 포함하여 조직하였다.

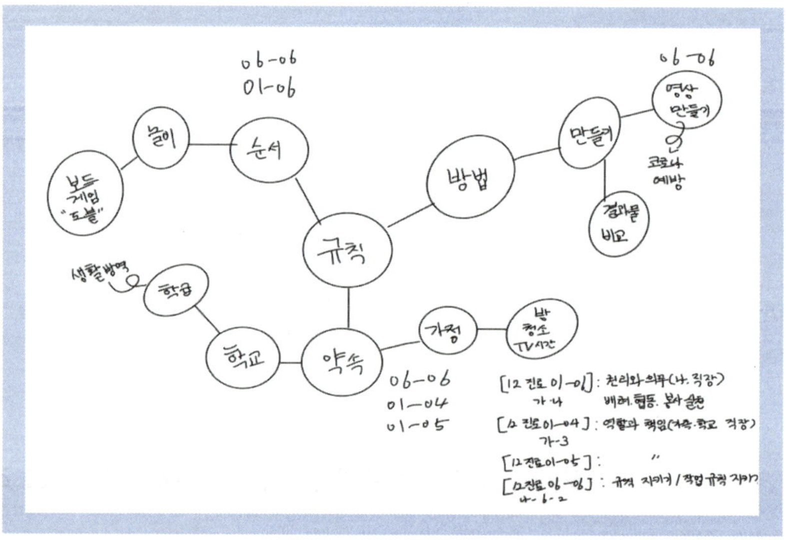

['스트랜드 조직하기'의 예]

이 과정을 통해 규칙이라는 개념을 구체화하였으며 동시에 개념에 대한 전체 개요를 조망하였다. 또한, 진로와 직업 교과 시간을 활용하는 만큼 해당 교과의 성취기준을 분석하고 연결하여 교육과정적 근거를 마련하였다.

한편, 해당 교사교육과정은 프로젝트 수업을 위해 교육과정을 설계하였다. 그러나 지적장애와 같이 학생의 인지 수준에 따라 학생 주도의 프로젝트 설계와 운영이 어려운 면이 있기 때문에 특수교사의 개입이 요구된다. 때문에 교사 개입의 정도가 높은, 수정된 형태의 프로젝트 수업을 운영하기 위해 앞서 조직한 스트랜드를 개념별로 구조화하여 다음과 같이 제시하였다.

프로젝트명: 차례차례 똑똑
P1: (순서) 재미를 만들자 (프로젝트 이름 만들기, 탐구질문 만들기, 규칙의 중요성, 보드게임하기)
P2: (방법) 나를 따르라(스마트폰 사용, 동영상 만들기, 코로나 예방 영상 만들고 비교)
P3: (약속) 약속으로 아름다워지는 우리(약속의 중요성, 학교・가정의 약속, 실천하기)

'규칙 지키기'라는 개념의 주요 내용은 '순서', '방법', '약속'으로 선정하였다. 그 이유는 첫째, 해당 수업을 진행할 교과가 기본 교육과정의 「진로와 직업」이었기 때문에 교과의 특성을 반영하여 직업인으로서 갖춰야 할 기본적인 역량이라는 것에 초점을 맞췄다.

둘째, 장애학생이라면 항상 누군가에게 도움과 배려를 받아야 된다고 여겨지고, 그것이 당연시되는 인식과 현실에 대한 문제 제기에 있다. 장애를 가지고 있다 하더라도 누군가를 도울 수 있고, 배려할 수 있다. 즉 민주시민으로서의 기본적인 역할을 충분히 할 수 있는 능력이 장애학생들에게도 있다는 것을 보여주고자 했다.

셋째, 코로나-19 상황이었다. 방역과 예방이 강조되는 시대적 상황을 고려했을 때 해당 개념을 아는 것과 실천하는 것은 매우 중요한 가치이자 반드시 갖춰야 할 역량이라 판단했다.

이와 같은 이유를 바탕으로 각 내용별 주요 활동들을 구조화하였다. 먼저 '순서'의 주요 활동으로 프로젝트 수업을 위한 프로젝트명과 탐구 질문 만들기, 규칙의 중요성, 보드게임하기를 포함하였다. 프로젝트 수업의 경우 토론을 통해 프로젝트명과 탐구 질문을 만들게 되는데 의견을 주고받는 토론의 과정이 곧 순서와 규칙으로 연결될 수 있기에 여기에 포함하였다.

'방법'은 제시된 방법을 하나하나 지켜가며 과제를 해결하면 결과물이 나오게 되는 구조를 갖게 된다. 이를 위해 '동영상'을 매개체로 하여 스마트폰 사용법과 동영상 만드는 과정을 학습하고 이를 바탕으로 코로나19 예방 영상을 만들어 비교하는 활동으로 구성하였다.

'약속'의 주요 활동은 약속의 중요성을 인식하고, 장애학생이 하루 일과 중 가장 많은 시간을 보내는 '학교'와 '가정'으로 범위를 한정하여 일상생활에서의 약속을 만들고 그 약속을 실천하는 과정을 경험하고 배울 수 있게 구성하였다.

4단계: 기대하는 일반화 진술하기

일반화는 학생들이 학습의 결과로 보다 깊이 있게 이해하고 깨달을 수 있기를 기대하는 '이해'를 진술할 때 사용된다.[6] 일반화는 학생들의 필수적인 이해를 가능하게 하는 진술로 영속적 이해, 본질적 이해, 빅 아이디어와 같은 용어로 알려진 개념이며 시간과 장소를 초월하여 여러 문화와 상황에 '전이'된다.[7]

그런데 개념 기반 교육과정에서 일반화는 추상적이기보다 구체적이며 무엇을 배워야 하고, 그 목표가 무엇인지 명확히 보여준다. 따라서 개념 기반 교육과정에서의 일반화를 위해서 학생은 구체적인 사실과 지식으로부터 개념을 도출하고, 개념과 개념의 관계를 통해 일반화로 나아가는 상향식 학습 과정(귀납적 학습)을 거치게 된다.

6) 나미란(2022). 개념 기반 초등 역사교육과정 내용 선정과 조직. 한국교원대학교대학원, 박사학위 논문.
7) 조호제 외(2022). 2022 개정 교육과정에 대비한 개념 기반 교육과정 및 평가의 이론과 실제. 서울: 박영스토리.

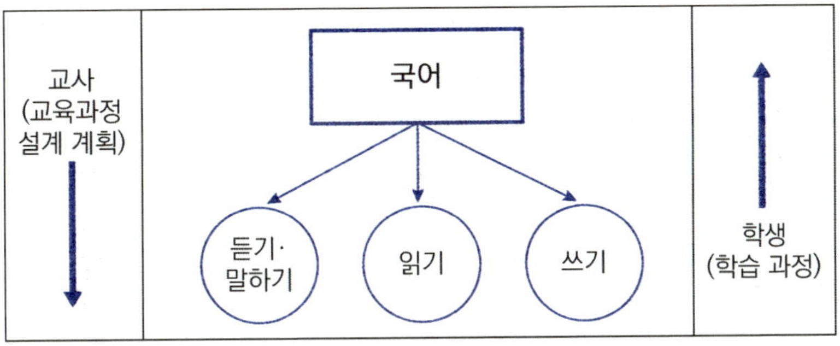

[교사 계획과 학생 학습의 과정]

반면, 교사의 계획은 최종 목표인 일반화를 위해 개념을 구성하고, 개념 도출을 위한 주제 설정, 주제와 관련한 사실과 지식을 구성하는 과정과 하향식 설계 방식(연역적 설계)을 취하게 된다. 이를 교과와 교과 영역의 관계로 도식화하면 앞의 그림과 같다.

본 사례에서는 먼저 교사의 관점에서 민주시민이 갖춰야 할 역량으로 '규칙'을 개념으로 제시하였고, 해당 개념의 주요 활동들을 반영하여 다음과 같이 일반화 내용을 진술하였다.

일반화 내용: 민주시민은 규칙과 배려의 중요성을 알고 실천한다.

5단계: 안내 질문 만들기

안내 질문(guiding questions)은 배움에 대한 학생들의 사고를 촉진하고, 학습을 통해 무엇을 할 수 있어야 하는지 일반화의 방향을 제시한다. 따라서 주제와 개념, 주요 활동을 조직하고 구성하는 것이 중요하지만 일반화를 위해서는 적절한 안내 질문을 만들어 학습 방향과 내용을 초점화하는 것이 필요하다.

특히 특수교육에서는 학생들의 장애 특성과 인지 수준, 교육적 요구, 개별화교육 목표, 학교 특성, 지역사회 여건 등을 바탕으로 그에 상응하는 교육계획이 수립되어야 한다. 따라서 새로운 상황과 실제 생활, 다양한 맥락에서 학습 내용이 전이될 수 있도록 안내 질문을 만드는 것이 더욱 강조된다고 볼 수 있다.

한편, '안내 질문'은 교육과정 설계 방법 또는 방식에 따라 용어가 달라질 수도 있다. 예를 들어 프로젝트 수업의 경우 프로젝트 운영에 앞서 교육과정 설계는 필수적으로 이루어져야 한다. 이와 함께 '탐구 질문'을 만들게 되는데 이 또한 안내 질문과 같이 프로젝트의 궁극적인 방향을 제시한다.

따라서 어떤 용어를 사용할 때 그 의미를 명확히 알고 사용하는 것도 중요하다.

그러나 이론적 틀에 갇혀 한정적으로 사고하고 사용하기보다
교사가 활용한 설계 방법 또는 방식, 교육과정의 목적 등을 고려하여
탄력적으로 사용하는 것이 적절하다고 생각된다.

본 사례에서는 프로젝트 수업으로 교육과정을 설계하였기 때문에 안내 질문 대신 탐구 질문으로 사례를 제시하였으며 사회 구성원으로서 지역사회에서 할 수 있어야 하는 역량을 고려하여 다음과 같이 탐구 질문을 구성하였다.

탐구 질문(또는 안내 질문): 규칙을 지키면 무엇이 달라질까?

6단계: 중요한 내용 확인하기

중요 내용은 일반화를 위한 주제를 깊이 있게 학습하고, 핵심 과정과 기능에 대해 필요한 지식을 의미한다. 중요 내용은 3단계와 4단계를 거쳐 개념과 주요 활동을 구체화하고 일반화하였으며, 5단계를 통해 안내 질문을 만들었기에 어떤 내용이 중요하게 다뤄져야 할지는 어렵지 않게 확인할 수 있다.

7단계: 핵심 기능 파악하기

핵심 기능은 과정과 기능의 측면에서 학습을 마친 후에 학생들이 할 수 있어야 하는 것을 의미한다. 이것은 2015 특수교육 교육과정이나 2022 특수교육 교육과정의 각론별 내용 체계를 살펴보면 어렵지 않게 확인할 수 있다.

본 사례에서는 6단계와 7단계를 통합하여 중요 내용과 핵심 기능을 파악하였고 여기에 '태도'를 추가하여 정의적 측면까지 고려하였다.

지식	• 규칙과 배려의 중요성과 필요성
기능	• 규칙 지키기, 배려 실천하기
태도	• 규칙을 지키고자 하는 마음 갖기 • 타인에 대해 관심 갖기

8단계: 최종 평가와 채점 가이드 또는 루브릭 작성하기

최종적인 평가는 일반화의 중요한 내용 및 핵심 기능에 대한 학생들의 이해 정도와 수준을 나타낸다. 즉 학생들이 학습을 통해 지식과 기능을 얼마나 습득하였고, 일반화할 수 있는지를 평가하게 되는데 이를 위해 교사는 '무엇을', '왜' 평가할 것인지에 대해 구체화할 필요가 있으며, 학생의 입장에서는 '어떻게' 해야 하는지 명확히 인식할 필요가 있다.

루브릭 평가의 경우 다음과 같은 장점[8)]이 있다.

첫째, 평가 차원(평가 척도)을 기술해 나갈 때 예상하기 쉬운 오류나 지적사항을 모두 통합해서 기술할 수 있다.

둘째, 루브릭을 통해 최고 수준에 대한 정보를 얻을 수 있고 그것을 통해 자신들이 필요로 하는 목표 달성 수준과 방법에 대해 모든 세부사항을 제공받을 수 있다.

셋째, 루브릭에 대한 토론을 통해 과제의 채점기준이 되는 준거를 확인할 수 있는 과정일 뿐 아니라 모든 학술 과제의 가장 기본적인 구성요소인 비판적 사고를 직접 수행해 볼 수 있는 기회가 되기도 한다.

넷째, 루브릭의 세부사항을 통해 교수자의 의도를 쉽게 파악할 수 있다.

특히 교사의 입장에서 루브릭을 작성하면서 다음과 같은 이점을 얻을 수 있다.

첫째, 개별 학생의 성취수준을 평가하고 채점 결과 루브릭의 사본을 계속 축적해 나감으로써 시간의 흐름에 따른 학생들의 지속적인 개선이나 취약점을 정확하게 확인할 수 있다.

둘째, 수업에서 나타난 학생들의 사각지대나 맹점을 신속하게 알려주고 수정할 수 있도록 해준다.

학생들의 개별적 수준을 고려한 평가가 강조되는 특수교육에서 루브릭 평가는, 효과적으로 개별 학생들을 평가하고, 개인의 성장 정도를 관리할 수 있는 평가 방법이 될 수 있을 것이다.

본 사례에서는 '포트폴리오' 평가를 위해 다음과 같은 평가 루브릭을 작성하였다.

평가 과제	민주시민 프로젝트 포트폴리오 만들기
요소 / 수준	과제 수행하기
3	순서, 방법, 약속을 파악하고 이를 지키며 과제를 스스로 수행할 수 있다.
2	주어진 순서, 방법, 약속을 지키는 과제를 수행할 수 있다.
1	순서, 방법, 약속을 지키는 활동에 참여할 수 있다.

8) 김선, 반재천, 박정(2018). 수행평가와 채점기준표 개발. 대전: 도서출판 AMEC.

9단계: 학습 활동 설계하기

학습 활동은 평가에 필요한 것을 준비할 수 있도록 활동을 구성하고 학생들이 학습을 마치기까지 이해하고, 알고, 할 수 있어야 하는 것들을 조직하는 단계로 이해할 수 있다.

다음 사례를 보면 주요 학습 활동에 '평가과제'가 포함되어 있는 것을 확인할 수 있다. 2015 특수교육 교육과정과 2022 특수교육과정에서 동일하게 강조되고 있는 과정중심평가를 위해서는 차시계획을 수립하기에 앞서 먼저 평가계획을 수립하는 것이 중요하다.

즉 교육과정 분석을 통해 무엇을 가르칠지가 결정되었으면, 이후 평가방법과 평가과제를 계획한다. 이후 차시계획을 수립할 때 평가과제를 포함하여 활동을 구성하면 교육과정과 수업과 평가가 자연스럽게 일체화된다. 이것이 곧 백워드 설계(Backward Design)를 활용한 교-수-평(기) 일체화라고 말할 수 있다.

본 사례의 경우 '포트폴리오'를 활용한 평가방법을 선택하였으며, 이를 위한 평가과제를 구성하여 수업이 끝나고 나면 수업 결과물들이 포트폴리오가 될 수 있도록 평가과제, 수업 내용, 수업방법 등이 종합적으로 반영되어 학습 활동이 설계된 것을 확인할 수 있다.

프로젝트	프로젝트명	재구성 제재	주요 학습 활동	차시	평가과제	수업방법
p1	• 재미를 만들자!	• 우리가 만드는 프로젝트	• 프로젝트 탐구질문 만들기 • 프로젝트명 정하기	1	탐구질문 프로젝트명	토론 수업
		• 규칙으로 만들어지는 재미	• 규칙의 중요성 알기	2	'규칙 지키기' 표어 만들기	플립 러닝
			• 규칙을 지켜 보드게임하기(규칙 찾기, 모둠별, 팀대표 대항전)	3	규칙 지키기	놀이 수업
p2	• 나를 따르라!	• 방법과 순서를 따라 영상 만들기	• 스마트폰 카메라 사용법 알기 • 영상 만드는 방법 따라 만들기	4~5	사진촬영 하기	플립 러닝
			• 내 마음대로 만들 때와 방법과 순서를 지켰을 때의 작품 비교하기	6	작품 비교	토론 학습
			• 코로나 예방 영상 만들기	7~8	영상 만들기	협동 학습

<table>
<tr><th>프로젝트</th><th>프로젝트명</th><th>재구성 제재</th><th>주요 학습 활동</th><th>차시</th><th>평가과제</th><th>수업방법</th></tr>
<tr><td rowspan="4">p3</td><td rowspan="4">• 약속으로 아름다워지는 규칙</td><td>• 약속의 아름다움을 찾기</td><td>• 약속을 지킬 때와 그렇지 않을 때의 차이 알기</td><td>9</td><td>'약속 지키기' 표어 만들기</td><td>플립 러닝</td></tr>
<tr><td>• 학교에서 지키는 아름다운 약속</td><td>• 학교에서 지킬 수 있는 약속 만들기</td><td>10</td><td>나만의 약속 -학교-</td><td rowspan="2">협동 학습</td></tr>
<tr><td>• 가정에서 지키는 아름다운 약속</td><td>• 가정에서 지킬 수 있는 약속 만들기</td><td>11</td><td>나만의 약속 -가정-</td></tr>
<tr><td>• 작품 나누기</td><td>• 모둠별 '표어, 영상' 전시하기
• 작품 감상평 발표하기</td><td>12</td><td>감상평 발표</td><td>토론 학습</td></tr>
</table>

Step 3 개념 기반 교육과정 설계 템플릿 살펴보기

다음의 템플릿은 자체 개발한 것으로 앞에서 살펴본 개념 기반 교육과정 설계의 과정을 하나의 템플릿에 정리한 것이다. 각 단계는 개념 기반 교육과정 설계의 단계를 반영하고 있으며 생각 질문은 각 단계에서 설계되어야 하는 내용이 도출될 수 있도록 안내하는 질문들로 이루어져 있다. 따라서 **'생각 정리'**를 할 때 현학적이고 정제된 표현으로 정리하기보다 교사 스스로의 철학과 생각을 탐색할 수 있는, 쉽고 직관적인 표현으로 정리하는 것을 권장한다.

템플릿을 사용하는 시점은 교육과정 설계 방향과 내용이 어느 정도 정리되었을 때 활용하는 것이 더 효과적일 수 있다. 템플릿 특성상 개념 기반으로 교육과정을 설계하는 세부 과정과 다양한 생각들이 생략되거나 요약되어 있다. 따라서 **'Step 2 사례로 보는 개념 기반 교육과정 설계'**에서 살펴본 각 단계를 거치면서 기본적인 얼개를 구성하고 이후 본 템플릿을 활용하여 구조화시키는 것이 효율적이다.

물론 개념 기반 교육과정 설계 방식에 익숙하거나, 교육과정 설계의 방향과 내용이 머

릿속에 구상되어 있다면 처음부터 템플릿을 활용하여 정리할 수도 있을 것이다. 또한 교사교육과정을 반복해서 설계하다 보면 필요한 부분과 불필요한 부분이 눈에 보이기 십상이다. 그럴 때는 교사교육과정 개발자의 입장에서 자신만의 스타일로 템플릿을 수정하여 활용해도 좋을 것이다.

<table>
<tr><th>단계</th><th>생각 질문</th><th colspan="7">생각 정리</th></tr>
<tr><td rowspan="2">1</td><td rowspan="2">주제가 필요한 이유는 무엇인가?</td><td colspan="7">주제: 민주시민역량 기르기(노블레스 오블리주)</td></tr>
<tr><td colspan="7">장애인 하면 사회적으로 항상 도움을 받아야 하고, 배려되어야 하는 대상으로만 여긴다. 도움과 배려는 장애에 대한 보상적인 측면에서 반드시 필요하나 장애인들 또한 민주시민으로서 할 수 있는 범위에서 책임과 의무를 다해야 한다. 장애학생들이 자신도 민주시민으로서 해야 할 역할과 할 수 있는 일이 있다는 것을 느끼고 작은 일에서부터 실천하길 바란다.</td></tr>
<tr><td>2</td><td>학생들이 무엇을 배우길 원하는가?</td><td colspan="7">민주시민은 규칙과 배려의 중요성을 알고 실천한다.</td></tr>
<tr><td>3</td><td>배움을 위한 핵심 질문은 무엇인가?</td><td colspan="7">규칙을 지키면 무엇이 달라질까?</td></tr>
<tr><td rowspan="3">4</td><td rowspan="3">배워야 할 지식, 기능, 태도는 무엇인가?</td><td>지식</td><td colspan="6">규칙과 배려의 중요성과 필요성</td></tr>
<tr><td>기능</td><td colspan="6">규칙 지키기, 배려 실천하기</td></tr>
<tr><td>태도</td><td colspan="6">규칙을 지키고자 하는 마음 갖기
타인에 대해 관심 갖기</td></tr>
<tr><td rowspan="2">5</td><td rowspan="2">관련 교과 및 영역, 내용 요소는 무엇인가?</td><td>교과명</td><td colspan="3">영역</td><td colspan="3">내용 요소</td></tr>
<tr><td>진로와 직업</td><td colspan="3">진로 준비, 직업생활</td><td colspan="3">미래 가정생활의 준비, 민주시민의 권리와 의무, 직장 규칙</td></tr>
<tr><td rowspan="8">6</td><td rowspan="8">관련 성취기준과 성취기준 기반 평가기준은 무엇인가?</td><td rowspan="2">성취기준</td><td colspan="5">성취기준 기반 평가</td></tr>
<tr><td>평가 방법</td><td>평가 내용</td><td colspan="2">평가기준</td></tr>
<tr><td rowspan="2">[12진로01-06] 민주 시민으로서의 권리와 의무를 이해하고 사회생활 속에서 배려, 협동, 봉사를 실천한다.</td><td rowspan="3">관찰평가</td><td rowspan="3">배려 실천</td><td>3</td><td>권리와 의미의 의미를 말하고, 학교와 가정에서 배려를 실천할 수 있다.</td></tr>
<tr><td>2</td><td>학교와 가정에서 실천할 수 있는 배려를 표현하고 실천할 수 있다.</td></tr>
<tr><td>지식: 권리와 의무 / 기능: 배려, 협동, 봉사 실천</td><td>1</td><td>학교에서 배려를 실천할 수 있다.</td></tr>
<tr><td>[12진로06-06] 직장에서 요구되는 규칙을 이해하고 지킨다.</td><td rowspan="3">포트폴리오</td><td rowspan="3">규칙 지키기</td><td>3</td><td>규칙의 의미를 이해하고, 지킬 수 있는 규칙을 만들어 실천할 수 있다.</td></tr>
<tr><td rowspan="2">지식: 규칙 이해 / 기능: 규칙 지키기</td><td>2</td><td>교실에서 지킬 수 있는 규칙을 만들어 실천할 수 있다.</td></tr>
<tr><td>1</td><td>교실에서 지켜야 할 규칙을 지킬 수 있다.</td></tr>
</table>

<table>
<tr><td rowspan="4">7</td><td rowspan="4">활동에 대한 평가는 어떻게 할 것인가?</td><td rowspan="4">평가과제에 대한 평가기준</td><td>요소 / 수준</td><td>과제 수행하기</td></tr>
<tr><td>3</td><td>순서, 방법, 약속을 파악하고 이를 지키며 과제를 스스로 수행할 수 있다.</td></tr>
<tr><td>2</td><td>주어진 순서, 방법, 약속을 지키는 과제를 수행할 수 있다.</td></tr>
<tr><td>1</td><td>순서, 방법, 약속을 지키는 활동에 참여할 수 있다.</td></tr>
</table>

02 개념 기반 프로젝트 수업 설계로 공동수업 기획하기

앞서 개념 기반 교육과정의 전반적인 개념과 이를 바탕으로 한 교사교육과정 설계방법을 사례를 중심으로 살펴보았다.

이번 장에서는 한 단계 더 나아가 「개념 기반 프로젝트 수업 설계」 방법을 탐색해 보기로 하자.

Step 1 개념 기반 프로젝트 수업 설계 단계 탐색하기

프로젝트 수업이라고 하면 조금은 거창하고 접근하기 부담스러운 느낌이 든다. 자기 주도적 학습을 강조하는 프로젝트 수업은 특히 특수교사들에게는 쉽게 시도하기 어려운 수업인 건 사실이다. 하지만, 주제 중심 수업이라고 하면 왠지 할 수 있을 것만 같고 재미있을 것 같은 느낌이 든다. 대부분, 특수교사들은 수준이 다른 장애 학생들을 지도하기 위해 기본적으로 주제 중심 수업 설계를 실행하고 있다.

그러한 점에서 **주제 중심 릴레이 수업 설계**로 가볍게 시작하여 개념 기반 프로젝트 수업으로 확장해보면 어떨까? 하는 생각에서 다음 단계를 기획해 보았다.

여기서 단순히 주제 중심 수업이 아니라 주제 중심 릴레이 수업으로 구체화시킨 이유는 **수업과 수업이 바통(baton) 터치하듯이 이어지는 수업**을 지칭하기 때문이다.

첫 수업의 학습 결과물이 다음 수업의 학습자료가 되고 결과물들의 피드백이 다음 수업의 출발점이 되는 수업을 의미한다. 즉, 수업이 곧 평가가 되고 평가결과가 다음 수업의 내용으로 이어지는 **「수업이라는 구슬」을 교사가 하나하나 꿰어 만들어가는**

형태를 말한다.

개념 기반 프로젝트 수업 설계 단계는 다음과 같다.

「주제 중심 릴레이 수업 기획하기 → 개념 기반 프로젝트 수업으로 변환하기 → 프로젝트 수업 한눈에 보기 작성하기 → 평가계획 수립하기 → 실행하기 → 반성 및 점검하기」 단계로 진행된다.

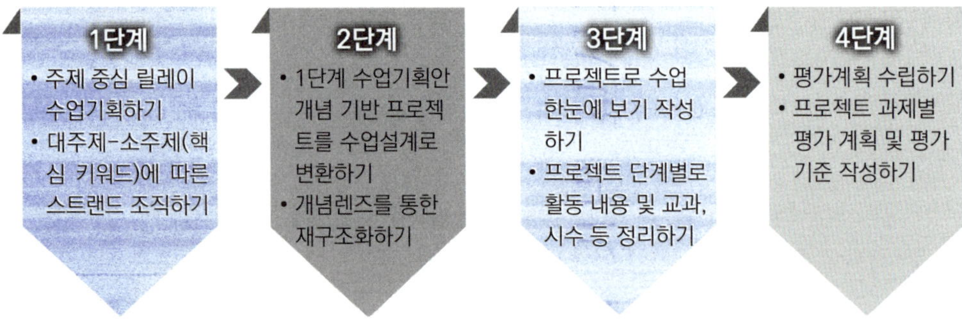

[개념 기반 프로젝트 수업 설계 단계]

앞서 살펴본 01. 개념 기반 교육과정 맞춤형 단원 설계방법과 지금 소개하는 프로젝트 수업 설계방법이 다르거나 별개로 이루어지는 것은 아니다. 01.에서 소개한 개념 기반 교육과정 맞춤형 단원 설계방법은 기초적이고 일반적으로 적용되는 설계방법이다. 지금부터 소개하는 개념 기반 프로젝트 수업 설계방법은 기초를 다진 후 변형해서 적용할 수 있는 방법으로 주제 중심 수업 설계를 바탕으로 한 프로젝트 수업 설계에 보다 초점을 맞추었다. 그럼 이해를 돕기 위해 두 가지 방법을 비교해서 살펴보도록 하자.

개념 기반 프로젝트 수업 설계의,

「1단계」에서는 「개념 기반 교육과정 맞춤형 단원 설계 1단계」와 유사하게 **주제와 맥락을 중심으로 스트랜드가 조직**되며 릴레이 수업 활동이 구성된다.

「2단계」는 「개념 기반 교육과정 맞춤형 단원 설계 2단계~5단계」에 해당된다. 개념 기반 프로젝트 수업 설계 단계 중 가장 중요한 단계로 바로 여기에서 **개념적 렌즈가 작동**하면서 주제 중심 릴레이 수업이 자연스럽게 개념 기반 프로젝트 수업으로 변환된다.

「2단계」에서는 「개념 기반 교육과정 맞춤형 단원 설계」와는 달리 **「1단계」**에서 조직된 스트랜드를 개념렌즈를 통해 재조직하는 과정을 거치게 된다. 즉, 주제 중심 릴레이 수업의 스트랜드를 개념렌즈를 통해 개념을 확인하고 개념에 대해 기대하는 일반화된 지식, 안내 질문을 만들게 된다. 이를 바탕으로 개념과 주제에 접근하는 스트랜드를 재조직한다.

「3단계」는 **「2단계」**에서 중요한 내용과 핵심 기능을 파악하면서 변환된 수업을 한눈에 볼 수 있도록 정리한다. 「개념 기반 교육과정 맞춤형 단원 설계 6단계~7단계」에 해당된다.

단계	개념 기반 프로젝트 수업 설계	개념 기반 교육과정 맞춤형 단원 설계
1단계	주제 중심 릴레이 수업 기획하기	1단계: 단원(주제나 맥락) 설정 **- 주제에 근접하게 스트랜드 조직하기**
2단계	개념 기반 프로젝트 수업 설계로 변환하기	2단계: 개념적 렌즈를 통한 개념 확인하기 **3단계: 개념과 주제에 접근한 스트랜드 조직하기** 4단계: 기대하는 일반화 진술하기 5단계: 안내 질문 만들기
3단계	개념 기반 프로젝트 수업 한눈에 보기 작성하기	6단계: 중요한 내용 확인하기 7단계: 핵심 기능 파악하기
4단계	평가계획 수립하기	8단계: 최종 평가(채점가이드/루브릭) 작성하기 9단계: 학습 활동 작성하기

[개념 기반 프로젝트 수업 설계와 개념 기반 교육과정 맞춤형 단원 설계 비교]

「4단계」에서는 「개념 기반 교육과정 맞춤형 단원 설계 8단계~9단계」와 같이 평가계획을 구체적으로 수립하고 그에 따른 학습 활동을 작성한다.

이렇게 설계된 개념 기반 프로젝트 수업은 각 차시별로 실행하고 피드백하기를 반복하며 진행된다. 그럼, 구체적인 설계방법을 단계별로 자세히 살펴보기로 하자.

하나, [1단계] 주제 중심 릴레이 수업 기획하기

「1단계」에서 바로 프로젝트 수업 설계로 진행하지 않고 주제 중심 릴레이 수업을 기획하는 이유는 교사와 학생이 주제 중심 수업을 함께하며 프로젝트 기본학습능력을 기르기 위해서이다. **「교육과정 재구성, 프로젝트 수업을 탐하다」**[1] 저자 신지승 선생님은 프로젝트 수업을 시작하기 전 단계로 「Pre-프로젝트」를 강조하였다.

출처: 신지승(2020), 교육과정 재구성, 프로젝트 수업을 탐하다 p. 15

「Pre-프로젝트」에서 프로젝트 수업을 수행하기 위한 기본 학습능력을 기를 수 있는 기회와 경험을 충분히 제공하여야 한다. 프로젝트 기본 학습능력에는 **첫째, 기초 학습능력인 발표와 경청, 둘째, 협력적인 학습능력인 모둠 활동(역할 분담 및 수행), 셋째, 자기 주도적 학습능력인 자료 조사 및 정리, 넷째, 기초 정보화 기능인 한글 타자, 프레젠테이션 활용** 등이 있다.

프로젝트 기본 학습능력으로 제시된 대표적인 4가지 능력은 프로젝트 수업에서만 필요한 것이 아니라 모든 수업에서 필요한 것들이다. 특히 장애 학생들에게는 반복적인 연습과 체계적

---

1) 신지승 지음, 참좋은연구회, 홍종남 기획(2020), 교육과정 재구성 프로젝트 수업을 탐하다, 행복한 미래, pp. 15~20.

비계 설계를 통한 개별적인 지도가 요구된다. 그러므로 프로젝트 수업 이전, 주제 중심 릴레이 수업을 통해 이러한 능력을 충분히 기르도록 한다.

교사는 학생들의 강점을 찾아 모둠에서의 최소한의 역할을 수행할 수 있도록 기회를 제공하고, 학생들은 기본 학습에 대한 루틴을 익히도록 한다. 이때 교사는 중증의 장애 학생이라 하더라도 모둠 활동에서의 역할을 부여하여 소속감을 느낄 수 있도록 기회를 제공하여야 한다. 각자 잘할 수 있는 부분에서 역할을 수행해 나가며 협력하는 것이 바로 프로젝트 수업의 궁극적인 목표이다. 잘하는 학생들 위주로 진행되거나 무임승차가 발생하지 않도록 교사는 설계 단계에서부터 꼼꼼히 챙겨보아야 한다.

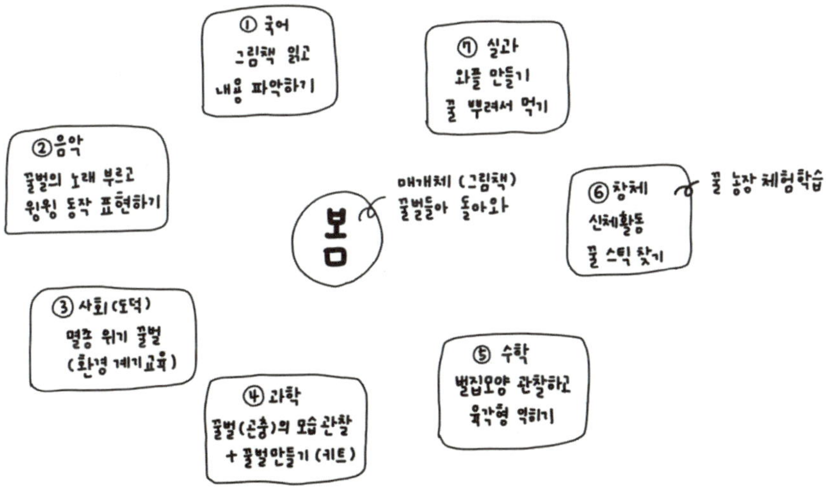

[봄이라는 주제로 스트랜드 조직하기]

출처: 2022년 제주 행동학교 '만들어 보자! 교사 수준 교육과정 연수' 팀프로젝트(안)

위 매핑은 봄을 주제로 기획한 주제 중심 릴레이 수업사례이다.

「봄」이라는 주제와 맥락을 중심으로 스트랜드가 조직되었으며 다음과 같이 릴레이 수업 활동이 구성되었다.

첫 수업은 '꿀벌들아 돌아와'라는 그림책을 읽고 내용을 파악한다. 그림책의 내용을 바탕으로 '꿀벌의 노래'를 배우고 익히고 꿀벌의 동작을 흉내 내며 율동도 배운다. 꿀벌에 관해 관심이 높아졌다면, '멸종위기의 꿀벌'에 대해 살펴보고 꿀벌 키트를 활용하여 꿀벌의 모양을 충분히 관찰한다. 다음으로 꿀벌이 사는 곳 벌집을 살펴보며 육각형을 익힌다. 앞의 내용을 이어받아 꿀 농장을 현장체험학습으로 기획하거나 꿀벌이 만드는 꿀을 운동장 화단에 스틱으로 숨겨 두고 '꿀벌이 되어 꿀 찾기' 활동을 해본다. 마지막으로 학생들이 찾아온 꿀 스틱을 뿌려 와플(벌집 모양과 닮은 꼴)을 만들어 먹는 것으로 마무리한다.

여기서 **'꿀벌들아 돌아와' 그림책은 전체 릴레이 수업을 이어주는 매개체의 역할**을 한다. 주제와 주제 간을 이어주고 수업 내용과 내용의 맥락을 이어주는 징검다리 역할을 하는 것이다. 지금 사례로 제시된 수업은 과목 간의 릴레이 수업이지만 '국어', '사회', '과학', '실과' 등 한 교과의 세부 활동으로 기획해도 무방하다.

위 사례에는 각각의 활동이 한 차시씩 이어지는 수업으로 표현되어 있지만, 학생들의 장애 정도와 유형에 따라 차시가 가감될 수도 있다. 그리고 국어수업 후 음악수업, 음악수업 후 다시 국어수업으로 돌아가서 다시 사회수업으로 이어가도 무방하다. 그러므로 수업을 기획하는 교사가 어디에 초점을 두고 어떤 의도로 수업을 기획하였느냐에 따라 다양한 형태로 실행된다.

다음으로 이렇게 「봄」이라는 주제로 이어진 각각의 스트랜드를 성취기준과 매칭시키도록 한다.

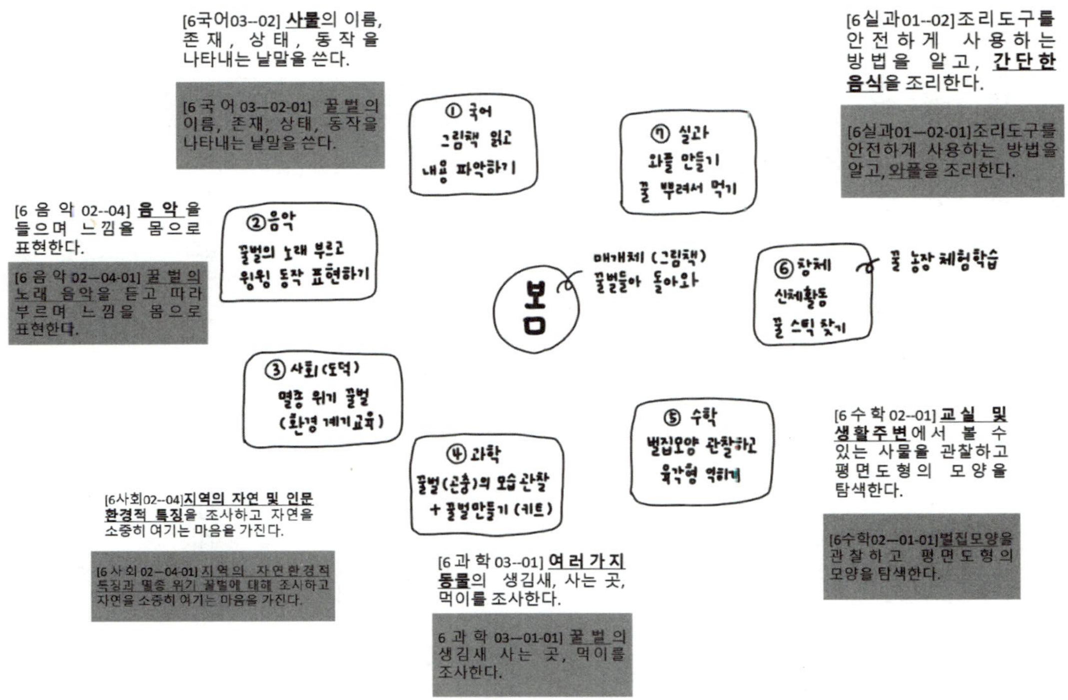

[스트랜드별 성취기준과 평가준거 성취기준 대칭하기]

예를 들어 2015 특수교육 기본 교육과정 초등학교 5~6학년(군) 성취기준을 적용해 보면, **「국어」** 그림책 '꿀벌들아 돌아와'를 읽고 내용 파악하기 활동은 **'[6국어03-02]사물의 이름, 존재, 상태, 동작을 나타내는 낱말을 쓴다'**를 적용할 수 있다. 이를 평가준거 성취기준 **'[6국어03-02-01]꿀벌의 이름, 존재, 상태, 동작을 나타내는 낱말을 쓴다'**로 구체화(초점화)시켜 실제 수업에 적용할 수 있다.

스트랜드별 성취기준 및 평가준거 성취기준은 다음과 같이 매칭할 수 있다.

이렇게 설계된 주제 중심 릴레이 수업은 봄, 여름, 가을, 겨울로 이어지는 계절 수업으로 확장할 수 있다. 계절별 소주제(핵심 키워드)를 동물로 선택한다면 봄은 꿀벌, 여름은 모기, 가을은 잠자리, 겨울은 북극곰으로 맥락과 루틴이 있는 계절 수업을 기획해 볼 수 있다.

해마다 돌아오고 반복되는 계절 수업을 이번 해는 동물로 다음 해는 계절별 꽃으로 다음 해는 계절별 과일로, 그다음 해는 캠핑(여행)을 주제로 기획해 본다면, 학생들은 계절이 바뀌면 함께 배운 내용을 기억하며 핵심 키워드를 자연스럽게 떠올리게 된다. 자신의 삶과 연결된 구체화된 수업은 오랫동안 기억에 남을 것이다.

둘, [2단계] 개념 기반 프로젝트 수업으로 변환하기

「2단계」는 「개념 기반 교육과정 맞춤형 단원 설계 2단계~5단계」에 해당된다. 개념 기반 프로젝트 수업 설계 단계 중 가장 중요한 단계로 바로 여기에서 **개념적 렌즈가 작동**하면서 주제 중심 릴레이 수업이 자연스럽게 개념 기반 프로젝트 수업으로 변환된다.

다음은 신지승(2020) 저 「교육과정 재구성, 프로젝트 수업을 탐하다」에서 제시된 프로젝트 수업 설계 단계이다. 본 저자가 주제 중심 릴레이 수업을 개념 기반 프로젝트 수업 설계로의 전환을 위한 템플릿으로 활용하였다.

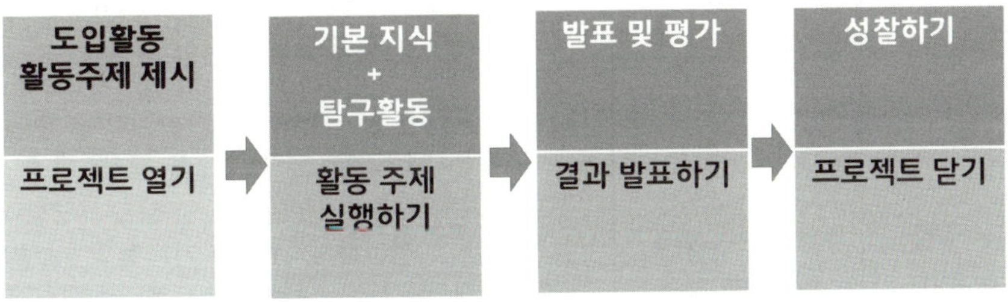

[개념 기반 프로젝트 수업으로의 전환 템플릿]

출처: 신지승(2020), 교육과정 재구성, 프로젝트 수업을 탐하다 p. 21

위 템플릿은 주제 중심 릴레이 수업 설계 과정 없이 프로젝트 수업 설계에 일반적으로 활용되는 템플릿이다. 위 템플릿 이외에도 현장에서는 다양한 형태의 템플릿을 활용하고 있다.

다만, 여러 형태의 프로젝트 수업 템플릿 중 위 템플릿을 도입한 의도는 저자가 여러 번의 시행착오를 겪은 결과 주제 중심 릴레이 수업을 개념 기반 프로젝트 수업으로 변환하기에 용이하였기 때문이다.

단계별로 구성되는 내용[2]을 간단하게 살펴보면 다음과 같다.

단계	주요 내용	세부 활동
프로젝트 열기	1~2차시 진행 동기유발 및 활동 주제 제시	• TV 프로그램, 영화, 광고 등 동영상 자료 제시 • 현장체험학습 경험 활용 • 학교 구성원, 가족, 주변인의 인터뷰 영상 활용 • 프로젝트명 작명

2) 신지승 지음, 참좋은연구회, 홍종남 기획(2020), 교육과정 재구성 프로젝트 수업을 탐하다, 행복한 미래, pp. 21~37에 제시된 내용을 요약 정리함

<table>
<tr><th>단계</th><th>주요 내용</th><th>세부 활동</th></tr>
<tr><td>활동 주제 실행하기</td><td>기본지식 지도 및 탐구 활동</td><td>• 프로젝트 주제에 따라 기본지식 → 탐구 활동, 탐구 활동 → 기본지식으로 구성
• 활동이 서로 연속적으로 이어질 수 있도록 구성
• 개별, 모둠, 전체 활동을 적절히 구성
• 가르쳐야 할 기본지식을 놓치지 말 것
• 요란한 이벤트형 수업이 되지 않도록 주의
• 탐구 활동: 조사 및 연구 활동을 통해 탐구 질문의 답을 찾는 과정
조사하기, 정리하기, 예측하기, 토의·토론하기, 점검하기, 결정하기, 체험하기, 가설 세우기, 인터뷰하기, 방문하기, 만들기, 노래하기, 실천하기 등
• 프로젝트 수업의 완성 피드백
탐구피드백: 성취 정도를 파악하여 학생 수준과 필요에 적합한 피드백 제공
진행피드백: 진행 정도 확인, 마감 시간 안내, 모둠 활동방법 안내, 무임승차 학생 지도, 학생 갈등 관리 등</td></tr>
<tr><td>발표 및 평가</td><td>결과 발표하기</td><td>• 비교평가와 순위 매김의 시간이 아닌 축하의 시간으로 활용
• 활동별 산출물이 모여 결과물이 완성
전시회, 프레젠테이션, 공연, 발표회, 체험전, 박람회, 캠페인, 웹사이트 게재 등
• 결과물 수준에 집착 ×, 직접적인 평가 ×
• 비록 결과물이 초라하더라도 대신해주지 말 것
• 칭찬, 격려, 축하의 자리
• 발표 자체나 결과물에 대한 평가가 아닌 수행 과정에 대한 평가 진행</td></tr>
<tr><td>성찰하기</td><td>프로젝트 닫기</td><td>• 프로젝트 과정 되돌아보기
• 에피소드 모음 감상, 가장 기억에 남는 명장면 Best, 지·못·미 Best, 일부 가리고 어떤 장면인지 맞히기 등
• 소감 나누기, 성찰일지 쓰고 공유</td></tr>
</table>

「1단계」에서 기획한 봄-꿀벌 릴레이 수업을 개념 기반 프로젝트 수업 설계로 변환해보자. 우선, 봄-꿀벌 릴레이 수업을 통해 학생들에게 가르치고자 하는 핵심적인 내용이 무엇인지 개념렌즈를 통해 추출해보자. 이 수업의 전체적인 흐름을 살펴보면 교사는 봄이라는 주제 속에 꿀벌이라는 바늘로 각각의 활동들을 실로 꿰어 수업을 설계하고 있다.

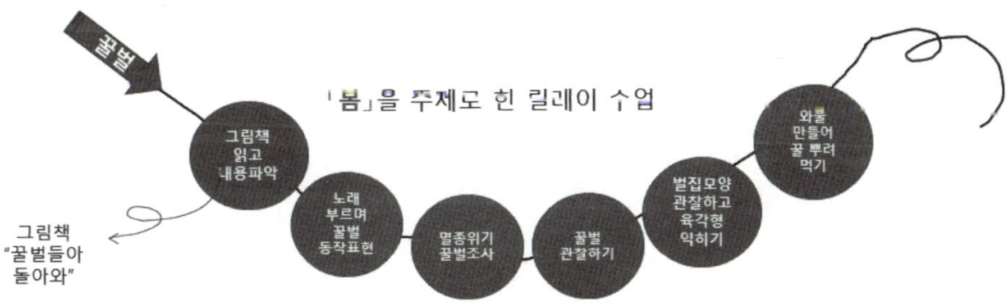

개념렌즈를 통해 바라본 이 수업의 의도나 목적은 무엇일까? 바라보는 관점에 따라 조금씩은 달라지겠지만 궁극적으로 봄이 되면 활발히 활동하는 꿀벌이 점점 사라지고 있는 현재 삶을 반영하여 학생들에게 자연을 소중히 여기는 마음을 키워주려는 의도가 담겨 있다. 매개체로 선정한 '꿀벌들아 돌아와' 그림책, 멸종위기 꿀벌 조사하기 활동이 그 의도를 뒷받침해 주고 있다. 그렇다면 지금 설계된 이 수업은 학생들에게 교사의 수업 의도나 목적이 잘 전달되어 최종적으로 학생들이 자연을 소중히 여기는 마음을 가지게 되었을까?

이렇게 개념렌즈를 통해 수업의 최종 목표인 일반화를 위해 개념을 구성하고 해당 주제의 개념과 주요 활동들을 반영하여 일반화 내용을 진술한다.

> [일반화 내용]
> 멸종위기 꿀벌의 소중함을 알고 자연을 소중히 여기는 실천적 자세를 가진다.

이렇게 추출된 일반화 내용에 따라 프로젝트 활동 주제별 안내 질문 **'꿀벌이 하는 일은 무엇일까?', '꿀벌은 왜 사라졌을까?', '꿀벌이 돌아오려면 우리는 어떻게 해야 할까?'**를 만들고 개념과 주제에 따라 스트랜드를 재조직하여 **[개념 기반 프로젝트 수업 템플릿]으로 변환**하면 다음과 같다.

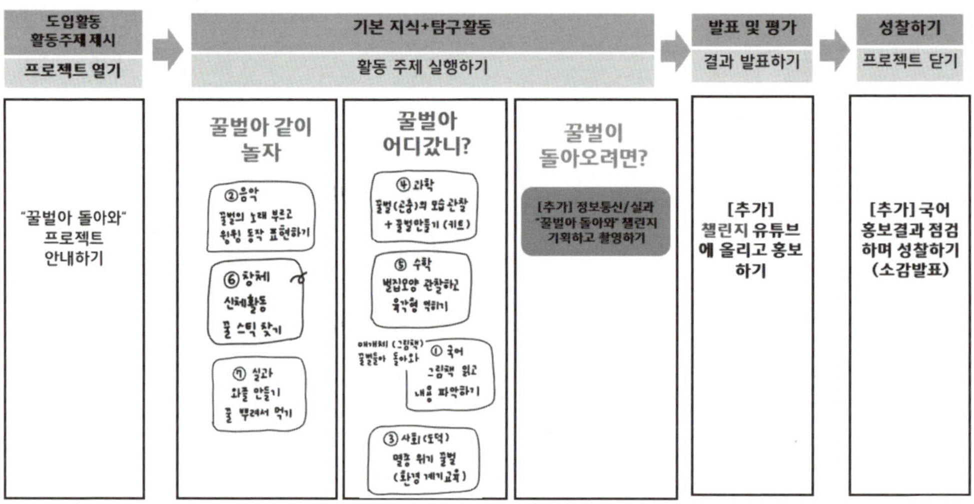

이처럼 개념과 주제에 따라 최초 「봄」을 주제로 한 릴레이 수업과는 활동의 순서가 바뀌고 새로운 활동도 추가되었음을 알 수 있다.

셋, 「3단계」 개념 기반 프로젝트 수업 「꿀벌들아 돌아와」 한눈에 보기 프로젝트 수업안 작성

개념 기반 프로젝트 수업으로의 변환이 성공적으로 이루어졌다면 주요 내용과 핵심 기능을 반영하여 한눈에 보기 프로젝트 수업안을 작성한다.

배움	기능	활동주제	활동 및 내용	교과(시수)	
기후위 기대응		열기	♣ '꿀벌아 돌아와' 프로젝트 안내하기	창체 1	1
기후위 기대응 + 생태 감수성	탐색 하기	꿀벌아 같이 놀자	♣ 꿀벌이 되어 함께 놀기(음악놀이) • '꿀벌의 노래' 부르며 신체 놀이하기 ♣ 꿀벌이 만든 꿀 찾기 • 나무와 꽃 사이에 숨겨진 꿀 스틱 찾기 ♣ 꿀벌이 준 선물, 꿀로 와플 만들기 • 와플 모양 관찰하며 꿀 뿌려 시식하기 ♣ 꿀벌이 하는 일과 우리 생활에 미치는 영향	음악 1 창체 1 직업 1	3
	구성 하기	꿀벌아 어디 갔니?	♣ 꿀벌 관찰하기 • 꿀벌 만들기(키트), 모습 관찰하기 ♣ 벌집 모양 관찰하기 • 육각형 모양 관찰하기, 육각형 도안으로 도형 완성하기 ♣ '꿀벌아 돌아와' 그림책 읽고 내용 파악하기 • 중심내용 파악하기(꿀벌이 사라진 이유) ♣ 멸종위기 꿀벌 조사하기 • 멸종위기가 된 이유, 꿀벌이 돌아오게 하려면 우리가 해야 할 일 조사하기	과 2 수 1 국 3 사회 2	7
	설명 하기	꿀벌이 돌아오 려면?	♣ 꿀벌아 돌아와 챌린지 • 챌린지 기획하기 • 촬영하기(가족 또는 통합 친구들 참여)	정보 2	2
	행동 하기	결과 발표하기	♣ 챌린지 공유하기 • 유튜브 탑재, 동영상 공유 • 홍보 결과에 대한 반응이나 의견 발표하고 평가하기	정보 1	1
		닫기	♣ 성찰하기 • 프로젝트 참여 소감 발표 • 기후위기에 대한 자신의 다짐 공유	국어 1	1
계				15	

넷, 「4단계」 평가계획 수립하기

「개념 기반 프로젝트 수업 한눈에 보기」가 완성되었다면, 이를 바탕으로 평가계획을 수립한다. 평가계획은 수업과정 중 이루어지는 피드백과 형성평가 중심으로 수립하도록 한다.

개념 기반 프로젝트 수업 평가는 성취기준 기반 평가와 프로젝트 활동(개념 기반)에 관한 평가로 구분할 수 있다.

성취기준 기반 평가는 교육과정에 근거한 가르쳐야 할 지식과 기능에 관한 평가를 의미하며 프로젝트 활동에 관한 평가는 교사가 프로젝트 수업을 통해 의도한 주제와 개념에 관한 평가를 의미한다.

다음 표는 「꿀벌들아 돌아와」 평가 계획을 일부 발췌한 내용이다. 성취기준 기반 평가는 일반적인 주제 중심 수업의 평가계획과 동일하게 이루어지므로 자세한 설명은 생략하기로 한다.

프로젝트 활동에 관한 평가는 일반화 내용에 따른 핵심질문, 개념렌즈를 통해 추출한 개념과 핵심기능을 중심으로 평가계획을 수립하게 된다. 예를 들어, 「꿀벌들아 돌아와」 프로젝트 수업 첫 단계 '탐색하기' 활동에서 추출한 개념과 기능은 '꿀벌이 하는 일'과 '꿀벌이 생활에 주는 영향'이므로 그에 따른 평가방법과 평가 기준은 다음과 같다.

일반화 내용	꿀벌은 우리 생활에 도움을 준다.
핵심 질문	꿀벌은 우리 생활에 어떤 도움을 주는가?
개념적 렌즈	꿀벌이 하는 일 이해
핵심 기능	꿀벌이 생활에 주는 영향
평가 방법	지필을 활용한 형성평가(두 칸 노트 작성기법) 그림을 활용한 형성평가(개념지도기법)

	요소 수준	꿀벌이 하는 일	꿀벌이 생활에 주는 영향
평가기준	3	꿀벌이 하는 일을 정확하게 알고 쓸 수 있다.	꿀벌이 우리에게 주는 도움에 대해 구체적으로 설명할 수 있다.
	2	꿀벌이 하는 일을 알고 있다.	꿀벌이 우리에게 주는 도움을 핵심단어로 설명할 수 있다.
	1	교사나 친구의 도움을 받아 꿀벌이 하는 일을 선택할 수 있다.	교사나 친구의 설명을 듣고 꿀벌이 우리에게 주는 도움과 관련된 사진을 가리킬 수 있다.

「꿀벌들아 돌아와」 평가 계획(일부 발췌)

주제	교과	성취기준	평가방법	성취기준 기반 평가: 평가기준		
꿀벌아 같이 놀자 (음악1 ▼ 창체1 ▼ 실과1 ▼ 창체1)	음악	[6음악02-04-01] 꿀벌의 노래 음악을 듣고 따라 부르며 느낌을 몸으로 표현한다.	관찰 평가	부르기	3	꿀벌의 노래를 부를 수 있다.
					2	꿀벌의 노래를 정확하지는 않지만 따라 부를 수 있다.
					1	꿀벌의 노래 리듬을 느낄 수 있다.
				표현하기	3	느끼는 대로 몸으로 표현할 수 있다.
					2	느낌을 몸으로 표현할 수 있다.
					1	몸짓을 모방하여 느낌을 표현할 수 있다.
	실과	[6실과01-02-01] 조리도구를 안전하게 사용하는 방법을 알고, 와플을 조리한다.	실기 평가 상호 평가	도구 사용	3	조리도구의 쓰임새에 맞게 안전하게 사용할 수 있다.
					2	조리도구 사용 방법에 따라 안전하게 사용할 수 있다.
					1	교사나 친구의 도움을 받아 조리도구를 사용해 볼 수 있다.
				조리하기	3	와플 만들기 순서에 맞게 스스로 조리할 수 있다.
					2	교사의 시범에 따라 모방하여 와플을 조리할 수 있다.
					1	교사나 친구의 도움을 받아 와플 만들기에 참여하고 꿀 뿌려 완성할 수 있다.

프로젝트 활동 평가(개념 기반)			
일반화 내용	꿀벌은 우리 생활에 도움을 준다.		
핵심 질문	꿀벌은 우리 생활에 어떤 도움을 주는가?		
개념적 렌즈	꿀벌이 하는 일 이해		
핵심 기능	꿀벌이 생활에 주는 영향		
평가 방법	지필을 활용한 형성평가(두 칸 노트 작성기법) 그림을 활용한 형성평가(개념지도기법)		
평가기준	요소 / 수준	꿀벌이 하는 일	꿀벌이 생활에 주는 영향
	3	꿀벌이 하는 일을 정확하게 알고 쓸 수 있다.	꿀벌이 우리에게 주는 도움에 대해 구체적으로 설명할 수 있다.
	2	꿀벌이 하는 일을 알고 있다.	꿀벌이 우리에게 주는 도움을 핵심단어로 설명할 수 있다.
	1	교사나 친구의 도움을 받아 꿀벌이 하는 일을 선택할 수 있다.	교사나 친구의 설명을 듣고 꿀벌이 우리에게 주는 도움과 관련된 사진을 가리킬 수 있다.

Step 2 개념 기반 프로젝트 수업 설계로 공동수업 기획하기

하나, 왜 공동수업 기획인가?

공동수업은 교사가 함께 수업을 기획하는 형태로 '공동수업 기획하기'는 일반적으로 동학년의 교사들이 교과 간의 주제 중심 수업 또는 프로젝트 수업을 기획할 때 주로 활용된다. 특수교육에서는 이러한 일반적인 방법을 넘어 좀 더 확장하여 적용해 볼 수 있다.

첫째, **「특수학급 간 공동수업 기획하기」**로 같은 학교 또는 다른 학교에 소속된 특수교사들이 모여 공동수업을 기획한 후 각자 소속된 학교에서 학생 특성에 맞게 재구성하여 적용하는 형태이다.

둘째, **「특수학교 초・중・고 과정 연계 공동수업 기획하기」**로 학교교육과정에서 공통적으로 추구하는 학교 교육목표 또는 역량을 주제로 초・중・고등학교 과정의 교사가 모여 공동기획한 후 각 급별과 학생 수준에 맞게 수정・보완하여 적용하는 형태이다. 이 밖에도 생각을 조금만 전환해본다면 다양한 형태의 공동기획안을 기획해 볼 수 있을 것이다.

그렇다면 왜 공동수업을 기획하는 것일까? 공동수업 기획에는 다음과 같은 장점이 있다.

첫째, 교사들의 **집단지성**을 통해 학생들의 성장을 지원하는 활동을 기획할 수 있다.

둘째, 공동수업 기획 후 각자 학생실태와 성취기준에 따라 재구성하므로 **다양한 형태의 교사교육과정이 형성**된다.

셋째, 동일한 주제로 수업이 이어지므로 학생들의 분절된 사고를 하나의 맥락으로 이어 **통합된 사고**를 키워줄 수 있다.

넷째, 각각의 내용을 따로 수업하였을 때 필요한 시수가 수업 간 주제 통합으로 이어지므로 **총 수업량을 줄여 교사 자율시간을 확보**할 수 있다.

다섯째, 교과 중심 수업에 비해 **학생의 삶과 연결되는 내용**을 기획하는 데 용이하다.

여섯째, 공동수업 후 각자의 수업 내용과 방법을 공유하고 교사 간 긍정적인 피드백을 줄 수 있어 **교사의 수업 전문성이 신장**될 수 있다.

일곱째, 특수학교의 경우 초・중・고등과정 연계가 가능하여 꼭 **필요한 역량을 반복**해서 지도할 수 있다.

여덟째, 특수학급의 경우, **특수학급 간 클러스터 형성**을 통해 함께 성장할 수 있는 계기를 마련해 줄 수 있다.

둘, 공동수업 기획 절차와 방법

다음은 교육과정 행동학교 선생님들의 공동 수업기획 사례를 통해 공동수업 기획 절차와 방법을 살펴보도록 하자.

「1단계」에서는 함께 기획할 **대주제를 선정**한다. 다음은 선정된 대주제에 따른 **핵심 키워드**를 뽑는데, 이때 포스트잇을 활용하여 각자 의견을 제시하고 브레인스토밍을 통해 가르고 모으는 과정을 거쳐 최종 1개의 키워드를 선정하도록 한다.

1단계: '가을'하면 연상되는
핵심 키워드 찾기
브레인스토밍 ->가르고
모으고 토론하면서 '쌀'이라는
키워드 선정

정답은 없다. 자유롭고 편안한 분위기 속에서 브레인스토밍을 진행한다.

교육과정 행동학교에서는 가을을 맞이하여 '가을' 하면 연상되는 핵심 키워드로 쌀(벼)을 선정하였다.

「2단계」에서는 핵심 키워드를 중심으로 활동을 구성한다. 일단은 과목별로 구성할 수 있는 활동들을 각자 포스트잇에 적어 모으도록 한다. 이때, 1~2과목에 국한하여 활동을 구성하게 되면 활동 구성의 폭이 제한될 수 있으므로 과목에 관한 제한은 두지 않도록 한다. 포스트잇이 다 모이게 되면 유사한 활동끼리 모으고 가르는 활동을 통해 최종 활동 내용을 선정한다.

최종 활동을 구성할 때는 활동 간의 맥락을 고려하고 꼭 필요한 활동인지를 토론하며 선정하도록 한다. 수업 차시는 15차시 내외로 구성하는 것이 좋다. 최종 선정된 활동을 맥락을 고려하여 활동 순서를 정하도록 한다.

2단계: 쌀이라는 주제로
수업할 수 있는 활동 구성
과목별로 모두 적어 모으기
(유사한 것끼리 모으며
활동선정하기)

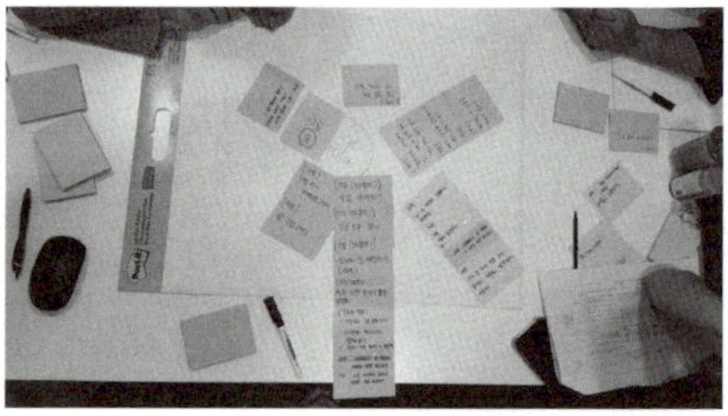

「3단계」에서는 차시 순서를 정하여 릴레이 수업을 기획한다. 이때 활동 간의 맥락이 자연스럽게 이어지도록 점검한다.

다음은 교육과정 행동학교에서 가을-쌀(벼)을 주제로 구성한 활동이다.

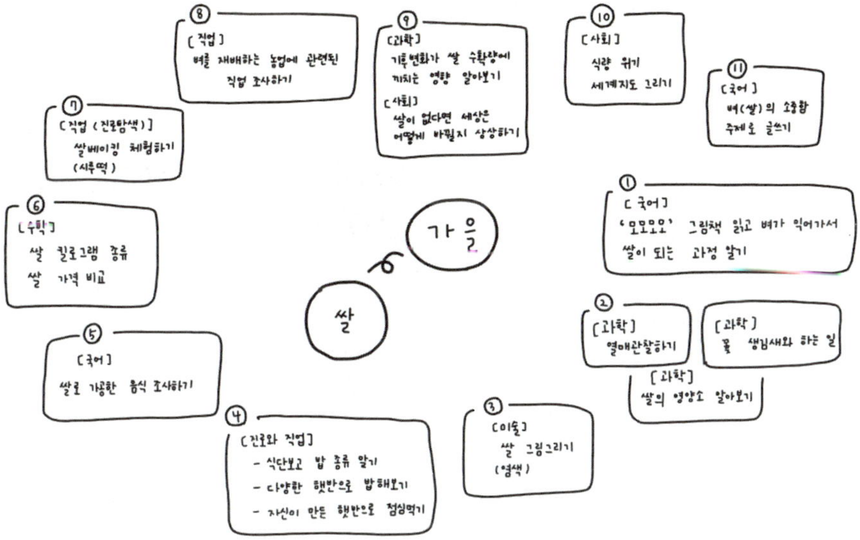

3단계: 릴레이수업 순서 정하며 수업설계하기 (주제 중심 수업)

「3단계」에서 기획한 주제 중심 릴레이 수업을 그대로 진행해도 무방하다.

만약 학생들에게 한 단계 더 나아가 개념 기반 프로젝트 수업으로 변환하고자 한다면 마지막 「4단계」 과정을 거치도록 한다.

「4단계」에서는 「3단계」에서 추출한 활동의 포스트잇을 개념과 주제에 따라 재조직하여 **[개념 기반 프로젝트 수업 템플릿]으로 변환**한다.

4단계:개념기반 프로젝트 수업으로 변환하기

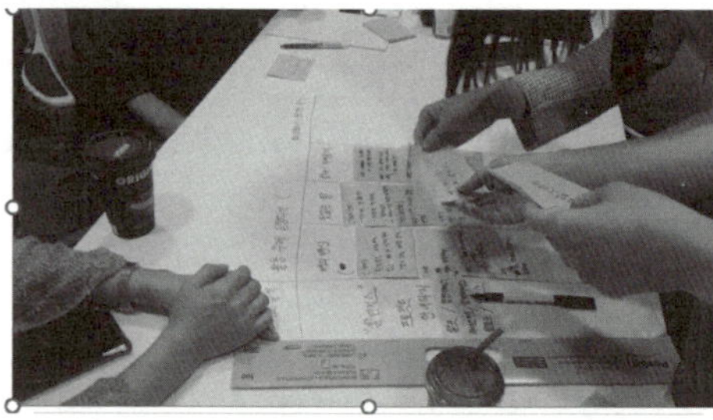

교육과정 행동학교 선생님들에 의해 변환된 개념 기반 프로젝트 수업은 다음과 같다.

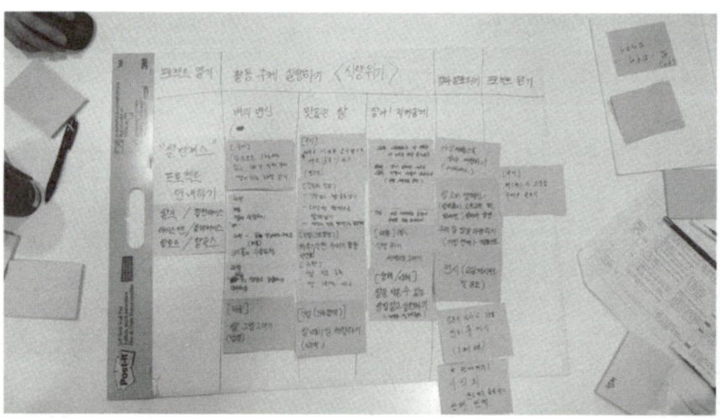

공동기획안 완성 후 각자 자신의 학급에 맞게 변형 후 프로젝트 진행

이렇게 변환된 수업은 각자 소속된 학교와 학급의 실태와 해당 과목 및 성취기준에 따라 재구조화하여 적용하게 된다. 자세한 내용은 **「제3장 공동수업 기획으로 개별 맞춤형 교사교육과정 실천하기」**에서 자세하게 소개하기로 한다.

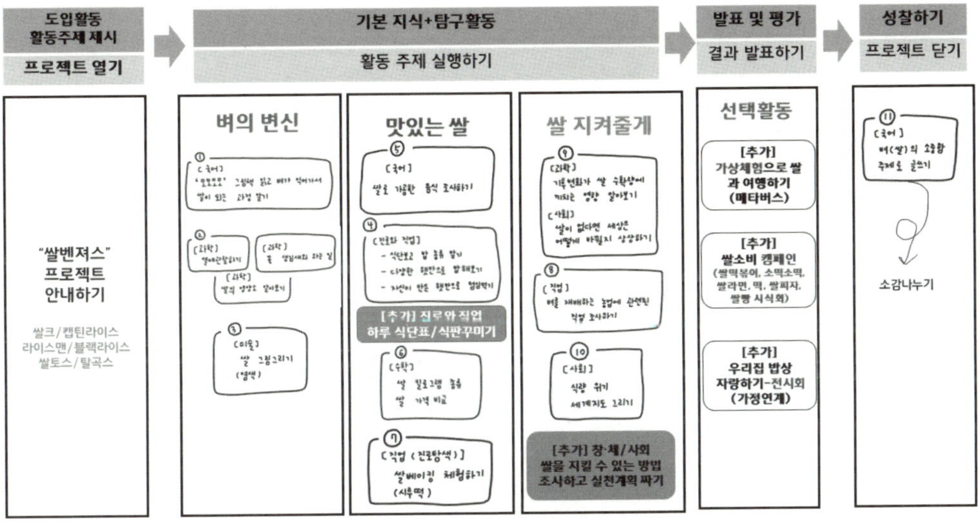

[가을-쌀(벼)을 주제로 한 개념 기반 **쌀벤져스** 프로젝트 공동수업 기획안]

제 2 장

개념 기반 교육과정으로 교사교육과정 설계하기

일주일에 2~3번 만나는
순회교육 대상학생은
무엇을 어떻게
가르쳐야 할까요?
필요한 주제에 적절한 매개체가
더해져 개념 기반 교육과정을
만나면 더욱 풍성해지고
탄탄해집니다.

01 자존감을 향상시키는 「내일로 나르샤[1]」 : 특수교육지원센터 순회교육사례

Step 1 교사교육과정 계획 의도

본 교육과정의 대상은 특수교육지원센터에서 순회교육을 지원하는 일반 초등학교 6학년 학생 한 명이다. 순회교육의 경우 교육과정 운영의 최소단위인 학급보다 작은, 학생 한 명을 대상으로 교육과정을 설계하기 때문에 학생의 현재 상황과 가까운 미래를 고려하고 학령기 이후의 삶을 예상하여 교육적 요구와 필요를 맞춤형으로 제공할 수 있다는 장점이 있다.

반면 특정일에 이루어지는 순회교육 특성상 타 교과와 융합하거나 창의적 체험활동과 유기적으로 연계하기 어렵다는 단점이 있다. 또한 개별화교육계획의 목표를 교과 학습 능력 향상에 두고 있다면 통합학급의 교과 교육과정이 순회교육 운영 계획에 많은 부분 영향을 미치게 된다. 따라서 순회교육을 위한 교육과정 자체가 교과 학습 내용으로 국한되거나 지식과 기능이 삶과 연결되지 못하고 파편적으로 운영될 가능성이 크다.

본 수업의 대상이 되는 학생의 경우 기초학습능력 검사 결과 읽기와 쓰기, 수학 수준이 초등학교 4학년 1학기에 해당하는 수준으로 언어적 의사소통이 원활한 수준이었다. 표면적으로 두드러지게 나타나는 도전행동은 보이지 않았으며 학습을 위한 주의 집중력, 기초 학업 기술 등에 대한 어려움이나 학교생활, 교우 관계 유지 등 적응행동상의 어려움도 보이지 않았다.

1) 나르샤: 순수한 우리말로 '날아오르다'라는 뜻

그러나 2차 성징이 나타나고, 성(性)에 대한 관심이 높아짐에 따라 성과 관련된 문제가 여러 번 있었다. 또한 특수학급이 설치되어 있지 않은 중학교로 진학을 해야 함에 따라 새로운 환경과 사람들에 적응할 수 있는 역량이 요구되었다.

다행인 것은 전교생이 50명이 되지 않은 작은 규모의 학교였기 때문에 교직원들의 적절한 관심과 일관되고 연속적인 지원이 가능한 여건인 것으로 파악되었다. 보호자의 교육적 요구도 학생의 정서적 안정과 적응 능력 향상, 대인관계 능력 향상 등을 요구하였기에 이를 종합하여 개별화교육계획을 수립하여 순회교육을 위한 교육과정을 설계하였다.

1학기에는 성에 대한 올바른 개념과 인식, 예절, 성폭력 예방 교육 등에 대한 내용을 교육과정으로 편성하여 운영하였으며 2학기에는 중학교라는 새로운 환경과 상황 속에서 적응하고 대응할 수 있는 능력을 키워주기 위해 자아정체성 확립, 긍정적 사고, 자아 효능감 강화를 주제로 교육과정을 편성·운영하였다.

이번에 소개할 교사교육과정은 2학기 국어 교과를 중심으로 편성·운영한 교육과정으로 자아정체성 확립, 긍정적 사고, 자아 효능감 강화를 주제로 설계하였다. 본 교사교육과정을 이해하기 위해서는 먼저 대상 학생의 개별화교육계획을 알아볼 필요가 있다.

이 학생의 개별화교육계획의 경우 국어 교과와 수학 교과를 중심으로 각각 목표를 설정하였다. 수학 교과의 경우 통합학급에서의 교과 교육과정 운영 계획을 바탕으로 통합교육 보완자료를 활용하여 교과 내용 중심의 교육과정을 설계하였다.

반면 국어 교과는 새로운 환경 속에서 예측되는 문제를 해결하기 위해 학생에게 필요한 역량, 보호자의 교육적 요구 등을 종합적으로 판단하여 긍정적 자아개념 형성 및 자기표현 능력을 키우는 것으로 설정하였다. 특히 특수학급이 없는 일반 중학교로 진학한다는 점을 고려하여 자존감 향상을 위한 교육 활동을 더욱 강조하고자 하였다. 이와 함께 국어 교과가 가지고 있는 교과의 특성을 충분히 반영하기 위해 읽기・이해의 정확성과 유창성을 신장시킬 수 있는 내용을 포함하여 교사교육과정을 설계하였다.

가. 교육적 요구 순위: 긍정적 자기표현 능력(자아정체성, 자존감, 성개념 등), 자기조절 및 자기결정

나. 개별화교육계획 유형: 교과 및 생활지원 중심형

다. 개별화교육계획 생활 지원 영역: 정서적 지원(자아개념, 성개념)

라. 개별화교육계획 교과 지원 영역 목표 및 내용

1) 목표

가) 상담프로그램 기반 수업을 통해 긍정적 자아개념 형성 및 자기표현 능력을 키우고, 국어영역에서의 정확성과 유창성을 신장시킬 수 있다.

나) 수학교과 영역의 기능 습득 및 유창성 신장을 통해 일상생활에서의 수학적 문제를 경제적으로 해결할 수 있다.

2) 내용: 듣기・말하기/읽기/쓰기영역의 기본지식 및 교육적 경험, 긍정적 자아개념, 자아정체성, 자아 존중감, 성개념, 자기표현 등

3) 방법

- 국어 교과 성취기준을 중심으로, 기본 교육과정의 관련 내용 대체 방법을 통해 개별화교육 실시
- 상담프로그램 기반 활동 및 그림책, 미디어 콘텐츠를 활용한 학생참여형 수업 운영

- 2022학년도 2학기 개별화교육 협의 내용 중 일부 발췌.

Step 2 개념 기반 교육과정으로 교사교육과정 설계하기

하나, 주제 설정과 스트랜드 조직하기

[주제 설정]

교사교육과정 계획 의도에서 밝힌 바와 같이 **'자존감 향상'을 주제로 설정**하였다. 이후 개념적 렌즈를 통한 개념을 확인하기 위해 자존감 향상에 포함될 수 있는 주요 개념들을 확인하였다. 그러나 '자존감 향상'이라는 주제는 접근하는 관점과 이론적 배경에 따라 매우 폭넓고 다양하게 해석될 수 있다.

예를 들어 심리학적으로 접근한다고 했을 때 프로이트(Freud)나 아들러(Adler), 에릭슨(Erikson), 스키너(Skinner) 등과 같이 학자 또는 추구하는 이론에 따라 자존감 향상을 위해 중점을 두는 것이 달라질 것이다. 때문에 **내가 알고 있는 얕은 지식이나 편협한 사고, 경험에 의존하기보다** 전문가들이 개발한 상담 프로그램을 활용하여 자존감 향상과 관련된 개념을 분석하기로 하였다.

활용한 집단상담 프로그램은 특수교육대상학생, 다문화 학생, 탈북학생들의 심리적 지원을 위해 한국직업능력개발원(2016)에서 개발한 집단 진로지도 프로그램이다.

출처. 펙셀스

해당 프로그램은 '긍정적 사고', '자기 효능감', '자아 정체성'을 주제로 각각 5차시, 총 15차시로 구성되어 있으며 각 프로그램별로 활용할 수도 있고, 통합하여 하나의 프로그램으로 운영할 수도 있게 설계되었다. 이를 참고하여 자존감 향상이라는 주제에 '긍정적 사고', '자아 정체성', '자아 효능감'을 주요 개념으로 포함하였으며 여기에 중학교라는 새로운 환경적 변화를 고려하여 '성공적 대인관계'를 추가하여 개념을 구성하였다. 이를 생각그물로 정리하면 다음과 같다.

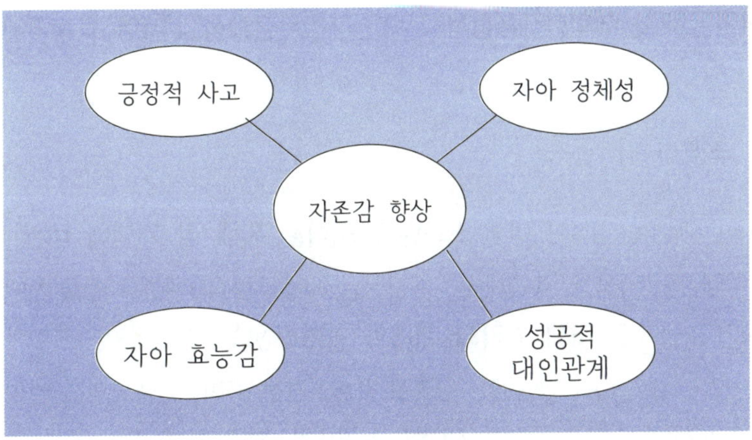

[주제 설정하기]

[개념적 렌즈를 통한 개념 확인]

자존감 향상이라는 주제에 대해 네 개의 개념을 구성한 이후 개념적 렌즈를 통해 실제로 가르칠 것인지 결정하였다. 이때 활용한 **개념적 렌즈는 '자기 인식'**이다. **긍정적인 생각을 결정하는 것도, 나를 아는 것도, 다양한 문제상황 속에서 해결책을 선택하는 것도 결국은 '내'가 결정하는 것**이기 때문에 다양한 생각을 탐색하고 결정하고 행동하기 위해서는 가장 먼저 자신에 대한 탐색과 인식이 필요하다고 판단했다.

한편, '자기 인식'이라는 개념적 렌즈로 개념들을 확인했을 때 '성공적 대인관계'는 다른 개념을 학습할 때 관련 활동으로 연결시킬 수 있을 것이라는 생각이 들었다. 예를 들어 '나의 감정 알기'라는 활동을 구성한다고 하면 자연스럽게 '타인의 감정 알기'까지 활동으로 연결시킬 수 있다.

때문에 성공적 대인관계를 별도의 개념으로 조직하기보다 다른 개념을 다룰 때 간접적으로 반영하기로 결정하였다. 그래서 **개념적 렌즈를 통해 최종적으로 선정한 개념은 '성공적 대인관계'를 제외한 '긍정적 사고', '자아 정체성', '자아 효능감'이 되었다.**

[스트랜드 조직하기]

주제에 대한 개념을 결정한 이후 **스트랜드 조직을 위해 각 개념에 대한 내용을 분석**하였다. 이때에도 역시 앞서 활용한 '집단상담 프로그램'의 세부 내용을 먼저 분석하고 **여기에 교사의 생각을 더해 각각의 개념과 연결**하였다.

긍정적 사고의 경우 '생각의 전환, 긍정적 표현, 감정 표현, 강점·약점 알기'가 도출되었으며, 자아 정체성의 경우 '긍정적 자아상, 자기인식, 환경 인식, 자기 결정, 자신의 장·단점'이 도출되었다.

자아 효능감의 경우 '특기·흥미 알기, 성공 경험 학습, 회복 탄력성, 자기 암시'가 도출되었다.

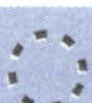

주제에 대한 주요 개념

개념에 대한 스트랜드(내용)

주요 개념으로 다루지 않지만 간접적으로 반영할 개념과 내용

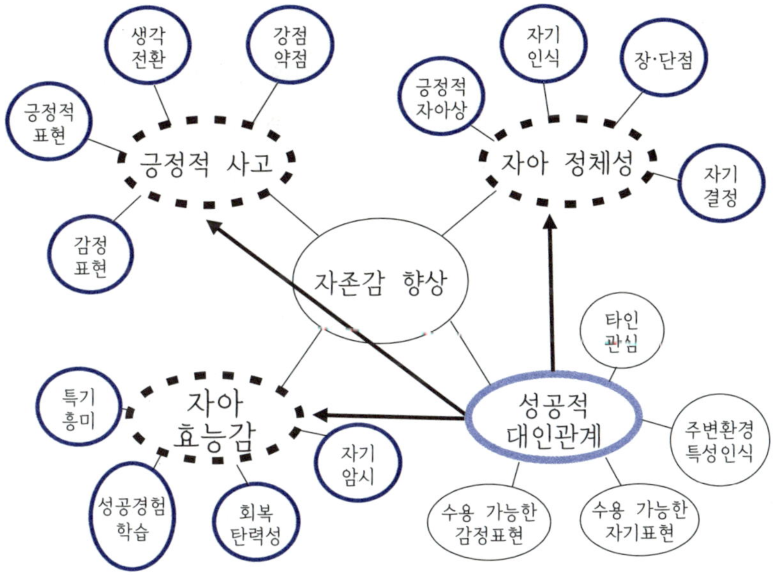

[개념에 대한 스트랜드 조직하기]

한편, 성공적 대인관계의 경우 다른 개념에 간접적으로 반영하기로 계획하였기 때문에 반영되었으면 하는 내용 또한 부가적으로 구체화시켜보기로 하였다. 특히 성공적 대인관계는 집단상담 프로그램을 참고하기보다 **학생이** 중학교라는 **새로운 환경에서 겪게 될 일들을 고려**하여 '수용될만한 감정 표현, 수용될만한 자기표현, 주변 환경과 특성 인식, 타인에 대한 관심'으로 자체 구성하여 생각 그물로 정리하였다.

둘, 개념 기반 교육과정 설계 한눈에 보기

주제의 주요 개념에 대한 스트랜드를 조직한 후 구체적인 교사교육과정 설계를 위해 **개념 기반 교육과정 설계 템플릿을 활용**하여 '일반화 진술하기'의 과정과 '안내 질문(또는 핵심 질문) 만들기', '성취기준 분석 및 연결', '평가계획'을 구체화하였다.

1단계. 주제명과 주제가 필요한 이유

주제명은 「자존감 향상시키기」로 설정하였으며 참고한 집단상담 프로그램명을 참고하여 「내일로 나르샤」라는 부제를 만들어 보았다. 주제가 필요한 이유는 수업 설계 의도에서 밝힌 바와 같이 일반 중학교로 진학하는 상황과 겪게 될 변화를 고려하여 기술하였다.

2단계. 무엇을 배우길 원하는가

학생이 주제에 대한 학습의 결과로 이해하고 깨닫기를 기대하는 내용을 일반화하여 다음과 같이 기술하였다.

[일반화 진술]

자존감은 새로운 환경, 역할, 관계에서 성공적으로 적응할 수 있는 요소가 된다.

3단계. 안내 질문은 무엇인가

본 수업에서 다루게 되는 개념은 '자기 인식'이라는 개념적 렌즈를 통해 긍정적 사고, 자아 정체성, 자아 효능감을 선정하였다. 특히 자기 인식에서 가장 중요한 요소는 긍정적인 생각이라고 판단하여 안내 질문을 만들 때 긍정적인 생각에 초점을 두고 다음과 같이 안내 질문을 구성하였다.

안내 질문: 부정적인 생각을 긍정적인 생각으로 바꾸면 무엇이 달라질까?

4단계. 배워야 할 지식 기능 태도는 무엇인가

주요 개념과 각 개념에 대한 스트랜드와 안내 질문을 통해 초점화한 학습 방향과 내용을 바탕으로 **'지식', '기능', '태도'로 구체화하여 제시**하였다. 이 과정을 통해 **교과 교육과정의 내용 요소와 관련 성취기준 추출**을 용이하게 하였다.

5단계. 관련 교과 및 영역, 내용 요소는 무엇인가

5단계에서는 다루게 되는 개념과 스트랜드가 기본 교육과정 국어 교과의 어떤 영역, 어떤 내용 요소와 관련되어 있는지 분석한 결과 '듣기 · 말하기, 읽기, 쓰기 영역' 모두와 관련이 있으며, 내용 요소로는 '말의 사용, 겪은 일, 뜻 이해, 글자의 짜임'과 관련이 있는 것으로 판단하였다.

6단계. 관련 성취기준과 성취기준 기반 평가 기준은 무엇인가

내용 요소와 관련된 국어 교과의 성취기준을 탐색하고 분석한 결과, [6국어01-06], [6국어02-02]가 본 수업의 개념, 스트랜드와 관련이 있는 것으로 확인되었다. 이 과정을 통해 교육과정적 근거를 마련하고 성취기준에 대한 평가 기준을 수립하였다.

물론 순회교육이기 때문에 대상 학생은 한 명이었고 이에 따라 학생 개인별로 평가기준이 부여될 필요는 없었다. 그러나 본 주제에 대한 학생의 학습 수준에 따라 보충 또는 심화가 필요할 수도 있었기 때문에 각 성취기준에 대한 평가기준을 3개 수준으로 수립하여 학생의 학습 결과에 따라 피드백이 제공될 수 있도록 준비하였다.

7단계. 활동에 대한 평가는 어떻게 할 것인가

과정중심평가를 위해 주어질 평가 과제에 대한 주요 평가요소는 '부정적 생각 바꾸기'와 '나의 강점 찾기'로 설정하였고 각 요소별 평가기준 또한 3개 수준으로 수립하여 학생의 학습 과정에 따라 피드백이 될 수 있게 준비하였다. **각 평가요소별 구체적인 평가 과제**는 **학습 활동 설계**에서 제시하였다.

<table>
<tr><th>단계</th><th>생각 질문</th><th colspan="6">생각 정리</th></tr>
<tr><td rowspan="2">1</td><td rowspan="2">주제가 필요한 이유는 무엇인가?</td><td colspan="6">주제: 자존감 향상시키기(내일로 나르샤)</td></tr>
<tr><td colspan="6">일반중학교로 진학하게 되었을 때 겪게 되는 변화 속에서 자신을 인식하고, 자신의 가능성을 믿으며 적극적으로 노력할 수 있는 태도를 키워주는 것이 필요하다.</td></tr>
<tr><td>2</td><td>학생들이 무엇을 배우길 원하는가?</td><td colspan="6">자존감은 새로운 환경, 역할, 관계에서 성공적으로 적응할 수 있는 요소가 된다.</td></tr>
<tr><td>3</td><td>배움을 위한 핵심 질문은 무엇인가?</td><td colspan="6">부정적인 생각을 긍정적인 생각으로 바꾸면 무엇이 달라질까?</td></tr>
<tr><td rowspan="3">4</td><td rowspan="3">배워야 할 지식, 기능, 태도는 무엇인가?</td><td>지식</td><td colspan="5">긍정과 부정, 감정표현, 성공경험의 중요성, 자기 이해</td></tr>
<tr><td>기능</td><td colspan="5">생각 바꾸기, 긍정적 표현하기, 감정표현하기, 도전하기</td></tr>
<tr><td>태도</td><td colspan="5">긍정적 자기 인식, 적극성, 성공에 대한 기대</td></tr>
<tr><td rowspan="2">5</td><td rowspan="2">관련 교과 및 영역, 내용 요소는 무엇인가?</td><td>교과명</td><td colspan="2">영역</td><td colspan="3">내용 요소</td></tr>
<tr><td>국어</td><td colspan="2">듣기・말하기, 읽기, 쓰기</td><td colspan="3">말의 사용, 겪은 일, 뜻 이해, 글자의 짜임</td></tr>
<tr><td rowspan="8">6</td><td rowspan="8">관련 성취기준과 성취기준 기반 평가기준은 무엇인가?</td><td rowspan="2">성취기준</td><td colspan="5">성취기준 기반 평가</td></tr>
<tr><td>평가 방법</td><td>평가 내용</td><td colspan="3">평가기준</td></tr>
<tr><td>[6국어01-06] 상황과 대상에 따라 바른 말 고운 말을 사용한다.</td><td rowspan="3">구술평가 관찰평가</td><td rowspan="3">긍정적인 말</td><td>3</td><td colspan="2">부정적인 상황을 긍정적인 생각으로 바꾸어 말할 수 있다.</td></tr>
<tr><td rowspan="2">지식: 바른 말, 고운 말 / 기능: 사용하기</td><td>2</td><td colspan="2">부정적인 상황을 긍정적인 생각으로 바꾸어 표현할 수 있다.</td></tr>
<tr><td>1</td><td colspan="2">긍정적인 상황을 나타내는 표현을 따라 할 수 있다.</td></tr>
<tr><td>[6국어02-02] 다양한 낱말을 읽고 의미를 파악한다.</td><td rowspan="3">포트폴리오</td><td rowspan="3">긍정적인 생각과 표현</td><td>3</td><td colspan="2">글의 의미를 파악하여 긍정적 생각과 표현으로 제시할 수 있다.</td></tr>
<tr><td rowspan="2">지식: 낱말 의미 파악 / 기능: 낱말 읽기</td><td>2</td><td colspan="2">글을 읽고 긍정적인 어휘와 표현을 찾을 수 있다.</td></tr>
<tr><td>1</td><td colspan="2">글 속의 긍정적인 어휘를 찾을 수 있다.</td></tr>
<tr><td rowspan="4">7</td><td rowspan="4">활동에 대한 평가는 어떻게 할 것인가?</td><td rowspan="4">평가과제에 대한 평가기준</td><td>요소 / 수준</td><td colspan="2">부정적 생각 바꾸기</td><td colspan="2">나의 강점 찾기</td></tr>
<tr><td>3</td><td colspan="2">부정적 상황과 표현을 긍정적인 상황과 표현으로 바꾸어 표현할 수 있다.</td><td colspan="2">나의 강점을 찾고 긍정적인 미래를 상상하여 말할 수 있다.</td></tr>
<tr><td>2</td><td colspan="2">상황에 대한 긍정적인 표현을 할 수 있다.</td><td colspan="2">나의 강점을 찾고, 갖고 싶은 직업을 말할 수 있다.</td></tr>
<tr><td>1</td><td colspan="2">긍정적인 상황을 선택할 수 있다.</td><td colspan="2">나의 강점을 찾고, 관련된 직업을 연결할 수 있다.</td></tr>
</table>

셋, 교사교육과정 계획 한눈에 보기

개념 기반으로 '자존감 향상'에 대한 교육과정을 설계하고 실제 수업을 위해 구체적인 학습 활동을 설계하였다. 먼저 교육과정과 수업, 평가계획을 한눈에 파악할 수 있도록 교과 지도 계획 서식을 만들고 여기에 세부 계획을 작성하였다.

먼저 **단원명**은 배워야 할 **'개념'**을 **흥미 있을 법한 제목**으로 바꾸어 제시한 것이다. 단원명은 매우 중요하다. 만약 단원명 자체가 재미없어 보이고 흥미롭지 못하다면 학생들의 학습 동기를 불러일으키기 쉽지 않을 수 있다. 따라서 교사교육과정 설계의 가장 마지막에 해야 할 것은 누가 보더라도 흥미를 갖고 궁금해할 만한 참신하면서 재미있는 단원명(또는 주제명)을 만드는 것이다.

다음으로 성취기준의 경우 완전 통합 학생이었기 때문에 해당 학교의 국어 교과 교육과정의 관련 성취기준과 앞서 분석한 기본 교육과정 국어 교과의 관련 성취기준을 함께 반영하였다. 이와 함께 학습 활동과 관련된 성취기준을 추가로 배치하였다.

예를 들어 '부정적 생각 변화시키기'라는 제재에 대해 다음과 같이 주요 학습 활동을 구성하고 '텍스트를 읽고 주제 찾기' 활동과 관련된 공통 교육과정과 기본 교육과정 국어 교과의 성취기준을 추가로 배치하였다.

제재	주요 학습 활동
부정적 생각 변화시키기	• **텍스트를 읽고 주제 찾기** • 정서와 행동적 논박하기 • 긍정적인 생각하기 • 긍정적인 지지를 통해 격려받기

관련 성취기준	
공통 교육과정	[6국02-03] 글을 읽고 글쓴이가 말하고자 하는 주장이나 주제를 파악한다.
기본 교육과정	[6국어02-02] 다양한 낱말을 읽고 의미를 파악한다.

평가계획으로는 주요 개념에서 다루게 되는 내용과 성취기준을 고려하여 각 평가방법에 대한 평가기준을 수립하고, 실제 평가를 위한 평가과제를 부여하였다. 이후 계획한 평가과제를 주요 학습 활동에 포함하여 수업을 설계하여, 수업을 마치고 나면 평가가 되어 있게끔 교육과정과 수업, 평가를 일체화하였다.

단원명 (개념)	평가과제	주요 학습 활동	차시	수업자료 (매개체)
내일로 나르샤 (긍정적 사고)	긍정적으로 표현하기	• 부정적 사고 척도 사전 검사 • 부정적 생각의 위험성 알아보기 • 긍정적 생각의 중요성 깨닫기	1 2	부정적 사고 척도
	부정적 생각 바꾸기	• 텍스트를 읽고 주제 찾기 • 부정적인 '나' 생각해 보기 • 부정적 생각 찾아보기 • **부정적 생각 바꾸기**	3 4	생각 바꾸기 활동지
		• 텍스트를 읽고 주제 찾기 • 정서와 행동적 논박하기 • **긍정적인 생각하기** • 긍정적인 지지를 통해 격려받기	5 6	긍정적 지지 활동지
	부정적 생각 탈출 활동	• 텍스트를 읽고 주제 찾기 • 부정적 생각 찾기 • 긍정적인 말로 바꾸기 • 부정적 생각 탈출하기	7 8	-
	나의 강점 찾기	• 텍스트를 읽고 주제 찾기 • **나의 강점 찾아보기** • 나의 미래 상상하기 • 나의 꿈 선포하기	9 10	활동지

「긍정적 사고」 포트폴리오 평가구성

특히, 포트폴리오 평가의 경우 평가과제 설정이 중요하기 때문에 포트폴리오할 과제를 먼저 구상했다. 이후 다음 표와 같이 해당 과제를 수행하는 활동을 주요 학습 활동의 한 활동으로 구성하여 학생이 수업을 마치고 나면 평가 결과물이 산출될 수 있도록 설계하였다.

주요 학습 활동은 각 개념별 10차시 수업으로 구성하였다. 수업을 설계할 때 중점을 둔 부분은 **개념 기반으로 설계한 주제와 스트랜드를 주요 내용**으로 하되 **국어 교과의 특성과 성취기준의 학습요소를 드러내는 것**이었다. 이를 위해 수업을 시작하는 첫 번째 활동은 제재와 관련된 텍스트를 읽고 주제를 찾는 활동으로 구성하였다. 이후 삶은 주제와 관련된 활동을 하면서 자연스럽게 제재와 직접적으로 관련된 활동으로 연결될 수 있게 **수업 루틴**을 만들었다.

물론 제재나 활동 특성에 따라 계획한 수업 루틴대로 설계되지 않은 경우도 있었다. 그러나 가급적 만들어 놓은 수업 루틴을 지키려고 노력하였으며 때로는 제재와 관련된 적절한 텍스트를 찾지 못해 자체 제작하거나 많은 부분을 수정하여 사용하기도 하였다.

수업자료는 참고한 집단상담 프로그램에 많은 부분이 포함되어 있었지만, 나의 수업 의도와 평가과제, 학생의 수준을 고려하였을 때 수정하거나 새롭게 만들어야 하는 경우가 많았다. 때문에, 전체 수업을 설계하면서 만들어 놓을 수 있는 수업자료들은 사전에 준비해 놓았다.

단원명 (개념)	공통 교육과정 성취기준 / 관련 기본 교육과정 성취기준	평가 방법	평가기준		평가과제	제재	주요 학습 활동	차시	수업자료 (매개체)
내일로 나르샤 (긍정적 사고)	[6국01-07] 상대가 처한 상황을 이해하고 공감하며 듣는 태도를 지닌다. [6국02-03] 글을 읽고 글쓴이가 말하고자 하는 주장이나 주제를 파악한다. [6국03-05] 체험한 일에 대한 감상이 드러나게 글을 쓴다.	포트폴리오 평가	3	긍정적 생각과 표현을 다양한 방법으로 제시할 수 있다.	긍정적으로 표현하기	긍정적 사고방식의 중요성	• 부정적 사고 척도 사전 검사 • 부정적 생각의 위험성 알아보기 • 긍정적 생각의 중요성 깨닫기	1 2	부정적 사고 척도
			2	긍정적인 생각과 표현을 할 수 있다.	부정적 생각 바꾸기	내 마음 속 부정적 생각 찾아보기	• 텍스트를 읽고 주제 찾기 • 부정적인 '나' 생각해 보기 • 부정적 생각 찾아보기 • 부정적 생각 바꾸기	3 4	생각 바꾸기 활동지
			1	긍정적인 생각을 나타내는 활동에 참여할 수 있다.					
	[6국어01-06] 상황과 대상에 따라 바른 말 고운 말을 사용한다. [6국어02-02] 다양한 낱말을 읽고 의미를 파악한다. [6국어03-02] 사물의 이름, 존재, 상태, 동작을 나타내는 낱말을 쓴다.	구술 평가 서술 평가	3	부정적인 생각을 긍정적인 생각으로 바꾸어 말할 수 있다.		부정적 생각 변화시키기	• 텍스트를 읽고 주제 찾기 • 정서와 행동적 논박하기 • 긍정적인 생각하기 • 긍정적인 지지를 통해 격려받기	5 6	긍정적 지지 활동지
			2	부정적인 생각을 긍정적인 생각으로 바꾸어 표현할 수 있다.	부정적 생각 탈출 활동	부정적 생각 탈출해보기	• 텍스트를 읽고 주제 찾기 • 부정적 생각 찾기 • 긍정적인 말로 바꾸기 • 부정적 생각 탈출하기	7 8	-
			1	긍정적인 생각과 표현을 따라 쓰고, 말할 수 있다.	나의 강점 찾기	긍정적인 '나'의 미래 꿈꾸기	• 텍스트를 읽고 주제 찾기 • 나의 강점 찾아보기 • 나의 미래 상상하기 • 나의 꿈 선포하기	9 10	활동지
I CAN DO IT (자기 효능감)	[6국01-03] 절차와 규칙을 지키고 근거를 제시하며 토론한다. [6국02-02] 글의 구조를 고려하여 글 전체의 내용을 요약한다. [6국03-04] 적절한 근거와 알맞은 표현을 사용하여 주장하는 글을 쓴다.	포트폴리오 평가	3	성공경험을 위해 주어진 과제를 해결하고 결과물을 제시할 수 있다.	-	자기 효능감의 중요성 이해하기	• 자기효능감 알아보기 • 강점 발굴하기 • 강점을 강화하고 자신감 지원하기	1 2	활동지
			2	성공경험을 위해 주어진 과제를 언어적 도움을 받아 해결하고 결과물을 제시할 수 있다.	성공경험 사례 나누기	강점 및 성취 경험 찾기	• 텍스트를 읽고 주제 찾기 • 과거의 성취경험 되새기기 • 대리경험 해보기 • 롤 모델 사례 나누기	3 4	활동지
			1	성공경험을 위해 주어진 과제를 해결하기 위한 활동에 참여하고 결과물을 제시할 수 있다.	테라리움 만들기	성취경험 만들기	• 텍스트를 읽고 주제 찾기 • 대인관계상의 장애요소 파악하기 • 성취과제 수행하기 • 성취과제 완성하기('테라리움 만들기')	5 6	테라리움
	[6국어01-05] 시간이나 장소를 나타내는 낱말을 사용하여 겪은 일을 말한다. [6국어02-02] 다양한 낱말을 읽고 의미를 파악한다. [6국어03-01] 글자의 짜임과 순서에 맞게 글자와 낱말을 쓴다.	구술 평가 관찰 평가	3	주어진 과제를 해결했을 때의 성공경험과 느낌을 말할 수 있다.					
			2	주어진 과제를 해결했을 때의 성공경험을 다양한 방법으로 표현할 수 있다.	긍정적 태도 발표하기	자기조절 효능감	• 텍스트를 읽고 주제 찾기 • 문제를 대하는 태도 성찰하기 • 적극적이고 긍정적인 태도의 중요성 알기 • 적극적인 태도를 통해 자신감 갖기	7 8	질문지
			1	성공경험을 위해 주어진 과제를 해결하는 활동에 참여할 수 있다.	인생프사 만들기	과제 도전의식 키우기	• 텍스트를 읽고 주제 찾기 • 단기 및 장기 목표 설정하기(인생 프사 만들기) • 실천 계획 수립 및 응원하기 • 진로목표 동기 촉진하기(꿈 만들기)	9 10	인생프사 만들기 자료

단원명(개념)	공통 교육과정 성취기준 / 관련 기본 교육과정 성취기준	평가 방법	평가기준		평가과제	제재	주요 학습 활동	차시	수업자료(매개체)
나를 찾는 여행 (자아 정체성)	[6국01-07] 상대가 처한 상황을 이해하고 공감하며 듣는 태도를 지닌다. [6국02-02] 글의 구조를 고려하여 글 전체의 내용을 요약한다. [6국03-06] 독자를 존중하고 배려하며 글을 쓰는 태도를 지닌다.	포트폴리오	3	나에 대한 정보와 자료를 찾아 정리할 수 있다.	초상화 꾸미기	자아정체성 확립의 중요성 인식	• 텍스트를 읽고 주제 찾기 • 아크릴 초상화 그리기 • 초상화 꾸미기	1 2	아크릴 초상화
			2	나에 대한 정보와 자료를 언어적 도움을 받아 찾아 정리할 수 있다.	나의 특성 발표하기	자신에 대한 이해 및 주요 특성 파악하기	• 나의 닮은꼴 찾기 • 타인의 관찰과 피드백을 통해 나의 특성 파악하기(친구 소개하기) • 내가 뉴스에 나온다면(강점 찾기)	3 4	활동지
			1	나에 대한 정보와 자료를 찾아 정리하는 활동에 참여할 수 있다.	내 역할 발표하기	사회적 관계 속 자신의 정체성 파악하기	• 낱말로 나 알아보기 • 소속 집단 내 나의 의미 탐색하기(만약 내가 없다면) • 내 역할의 소중함 인식하기(내가 있어 행복한 세상)	5 6	활동지
	[6국어01-06] 상황과 대상에 따라 바른 말 고운 말을 사용한다. [6국어02-02] 다양한 낱말을 읽고 의미를 파악한다. [6국어03-02] 사물의 이름, 존재, 상태, 동작을 나타내는 낱말을 쓴다.	보고서 평가 구술 평가	3	나에 대한 정보와 특성을 발표하고, 진로계획을 수립하여 말할 수 있다.					
			2	나에 대한 정보와 특성을 정리하여 발표할 수 있다.	생애진로 무지개 만들기	주어진 다양한 생애역할 파악하기	• 나의 생애진로 무지개 만들기 • 본받고 싶은 인물의 역할 및 특성 탐색하기 • 미래의 나에게 전하는 영상편지 쓰기	7 8	생애진로 무지개
			1	나를 소개하는 활동에 참여할 수 있다.	인생 비전 발표하기	삶 속에서 진로 및 자아 정체성 통합하기	• 이루고 싶은 인생 목표, 진로목표 탐색하기 • 나의 인생비전 생각하기(내 인생 어록 만들기) • 나의 인생비전 선언 및 실천동기 높이기(소리 높여 외쳐)	9 10	인생 비전

Step 3 교사교육과정 실행하기

본 교사교육과정은 '자존감 향상'이라는 주제에 대한 3개의 개념(긍정적 사고, 자아 효능감, 자아 정체성)을 각각 10차시씩 구성하여 총 30차시로 설계하였다. 여기에서는 '긍정적 사고'를 다룬 「내일로 나르샤」를 중심으로 소개하고자 한다.

▶ 제재: 긍정적 사고의 중요성

차시	주요 학습 활동	평가과제	수업자료 (매개체)
1~2	• 생각을 깨워요 마음을 열어요 • 부정적 사고 척도 사전 검사하기 • 부정적 생각의 위험성 알아보기 • 긍정적 생각의 중요성 깨닫기 • 기쁘고 감사한 일 찾기	긍정적으로 표현하기	부정적 사고 척도

앞서 「교사교육과정 계획 한눈에 보기」에서 소개한 바와 같이 차시별 수업은 개념 기반으로 설계한 주요 개념에 대한 내용과 더불어 국어 교과의 특성과 성취기준의 학습요소를 드러내는 것이었다. 이를 위해 '생각을 깨워요 마음을 열어요'라는 활동을 가장 첫 번째 활동으로 배치하였다.

이 활동은 먼저 주어진 텍스트를 선생님과 함께 소리 내어 읽는다. 이후 학생이 잘 모르는 어휘를 찾아 밑줄을 긋고 태블릿PC를 활용하여 어휘의 의미를 찾는다. 그리고 다시 주어진 텍스트를 읽는데 이때는 학생 혼자서 소리 내어 읽는다. 이 과정을 통해 학생의 읽기 능력을 유창하게 해주고, 어휘력을 확장시켜주고자 하였다. 마지막으로 글의 주제를 말해보고 글의 제목을 붙여보는 활동으로 구성하여 국어 교과의 특성을 반영하고, 성취기준의 학습요소를 드러내었다.

이후 자기 점검 방식의 ‘부정적 사고 척도’를 활용하여 자신이 얼마나 부정적인 생각들을 가지고 있는지 확인하는 활동을 하였다. 그런데 검사 결과를 살펴보니 생각보다 학생의 부정적 사고 점수가 높지 않았다. 물론 매사에 긍정적이거나 자존감이 높은 성향은 아니라 건강한 자아를 가지고 있다고 말하기는 어려웠다. 그러나 ‘작은 학교’라는 특성상 또래 관계에서 크게 어려움이 있거나 학교 부적응은 보이지 않아 문제가 될만한 수준은 아니라고 판단할 수 있었다. 다만, ‘나를 괴롭히는 사람을 누구든지 내버려 두지 않겠다고 생각했다.’와 같은 문항에서 ‘때때로 했다’라는 응답을 한 것으로 보아 타인에 대한 불신 또는 피해 의식, 잠재적 행동문제를 예측해 볼 수 있었다.

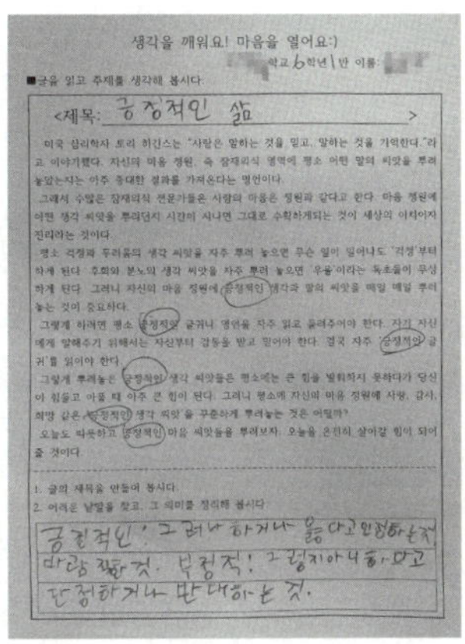
생각을 깨워요! 마음을 열어요:)

<제목: 긍정적인 삶>

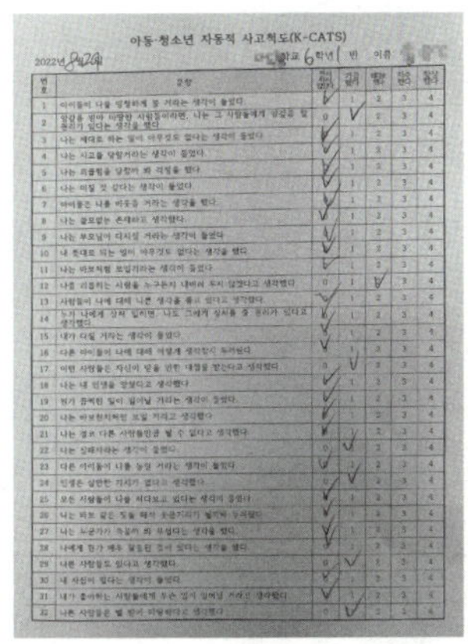
아동·청소년 자동적 사고척도(K-CATS)

[글을 읽고 주제에 어울리는 제목 만들기] [부정적 사고 척도 검사]

다음으로 가상의 인물에 부정적인 별명을 붙였을 때와 긍정적인 별명을 붙였을 때 가상의 인물이 어떻게 보이는지 활동해 보면서 부정적 생각의 위험성과 긍정적인 생각의 중요성을 알아보았다. 가상의 인물의 경우 교과 수업 속에서 다루어졌을 이야기 속의 인물 중에서 선택하여 참여에 어려움이 없도록 수준을 조절하였고, 실제 수업을 해본 결과 생각했던 것처럼 어렵지 않게 활동을 수행할 수 있었다.

마지막으로 '기쁘고 감사한 일 찾기' 활동을 했다. 기쁘고 감사한 일은 상황이나 대상에 따라 여러 가지를 생각해 낼 수 있는 활동이었다. 그런데 학생의 부정적 사고 척도 결과에서 타인에 대한 불신과 피해의식이 보였기 때문에 타인으로부터 받은 도움이나 타인과 함께 즐거웠던 일을 떠올려 보도록 활동을 유도하였다.

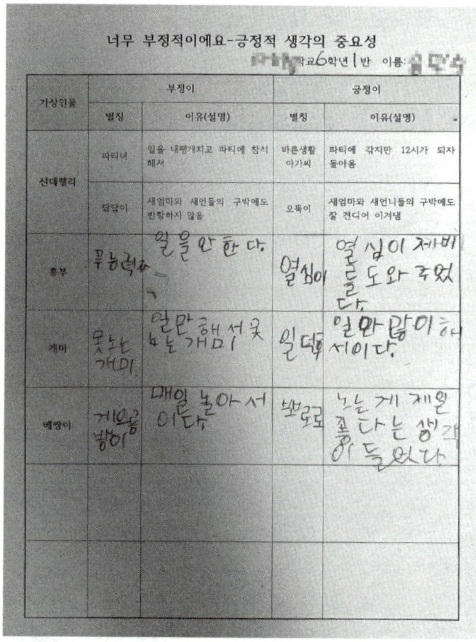
너무 부정적이에요-긍정적 생각의 중요성

학교6학년1반 이름:

가상인물	부정이		긍정이	
	별칭	이유(설명)	별칭	이유(설명)
신데렐라	파티녀	일을 내팽개치고 파티에 참석해서	바른생활 아가씨	파티에 갔지만 12시가 되자 돌아옴
	답답이	새엄마와 새언들의 구박에도 반항하지 않음	오뚝이	새엄마와 새언니들의 구박에도 잘 견디어 이겨냄
흥부	[illegible]	일을 안 한다.	열심이	열심이 제비를 도와 주었다.
개미	못 노는 개미	일만 해서 못 노는 개미	[illegible]	일만 많이 해서이다.
베짱이	게으름뱅이	매일 놀아서이다.	뽀로로	노는 게 제일 좋다는 생각이 들었다

[가상의 인물에 긍정적 별명 붙이기]

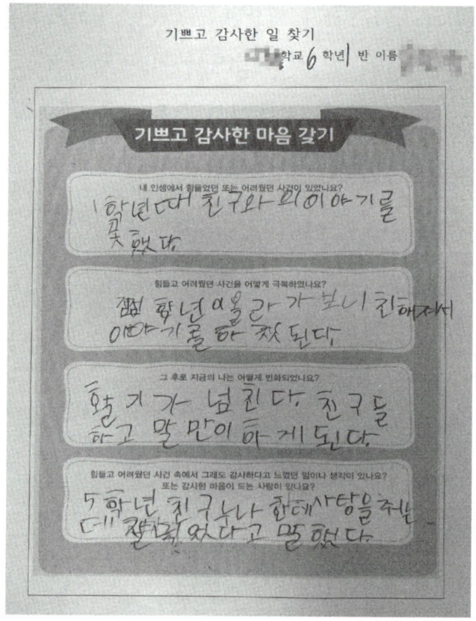
기쁘고 감사한 일 찾기

학교 6 학년 1 반 이름

기쁘고 감사한 마음 갖기

내 인생에서 힘들었던 또는 어려웠던 사건이 있었나요?

1학년 때 친구와의 이야기를 못 했다.

힘들고 어려웠던 사건을 어떻게 극복하였나요?

2학년 올라가 보니 친해져서 이야기를 하게 된다.

그 후로 지금의 나는 어떻게 변화되었나요?

활기가 넘친다. 친구들하고 말 많이 하게 된다.

힘들고 어려웠던 사건 속에서 그래도 감사하다고 느꼈던 일이나 생각이 있나요? 또는 감사한 마음이 드는 사람이 있나요?

5학년 친구 누나한테 사탕을 줬는데 잘 먹었다고 말했다.

[기쁘고 감사한 일 찾기]

▸ 제재: 내 마음속 부정적 생각 찾아보기

누구에게나 긍정적 생각과 부정적 생각이 존재한다. 그러나 똑같은 상황에서 어떤 사람은 긍정적인 생각을 선택하고 어떤 사람은 부정적인 생각을 선택한다.

차시	주요 학습 활동	평가과제	수업자료 (매개체)
3~4	• 텍스트를 읽고 주제 찾기 • 부정적인 '나' 생각해 보기 • 부정적 생각 찾아보기 • 부정적 생각 바꾸기	부정적 생각 바꾸기	생각 바꾸기 활동지

어떤 생각을 선택하느냐에 따라 동일한 상황이라도 누군가에게는 '그래도' 긍정적인 상황이 될 수 있고, 누군가에게는 '여전히' 부정적인 상황이 될 수 있다.

「내 마음속 부정적 생각 찾기」에 대한 활동도 이와 맥을 같이한다. 자신이 평소에 어떤 생각과 시선을 가지고 상황 또는 관계를 인식하는지에 따라 부정적이 될 수도 있고, 긍정적이 될 수도 있다는 것을 깨닫는 것을 목표로 하고 있다.

이를 위해 먼저 다음과 같은 글을 주고 주제를 찾아 제목을 만들어 보게 하였다.

컵에 물이 든 것을 보고 어떤 생각이 드시나요?
누구는 '컵에 물이 반밖에 없네'라는 생각을 하고
누구는 '컵에 물이 반이나 차 있네'라는 생각을 합니다.
똑같은 것이 주어졌어도 그것을 사람에 따라
부정적으로 생각하기도 하고,
긍정적으로 생각하기도 합니디.
그러면 컵의 남은 반을 마저 채울 수 있는 사람은 누구일까요?
당연히 긍정적으로 바라보고 생각하는 사람일 것입니다.
당신은 컵에 물이 든 것을 보고 어떤 생각이 들었나요?

어휘가 어렵거나 주제를 찾기 어려운 글은 아니다. 그래서 학생 입장에서 쉽게 주제를 찾고, 주제와 관련된 제목을 만들어 낼 수 있을 것이라 생각했다. 그런데 내가 기대했던 것보다 더 근사하고 의미 있는 제목을 만들었다.

'선택의 갈림길'

이 이상 더 좋은 제목이 있을 수 있을까? 글의 주제뿐 아니라 이번 수업에서 말하고자 하는 핵심 내용을 정확하게 짚어낸 제목이라고 볼 수 있다. 물론 자신이 가지고 있는 부정적 사고 목록을 점검해 보았을 때 많은 부분에 표시가 된 것도 사실이다. 그러나 기대했던 이상의 사고능력과 표현 수준을 보면 감탄하지 않을 수 없었다. 어쩌면 이번에 만들어 낸 제목만큼은 수업을 의도하고 설계했던 교사보다 더 잘 만들어낸 결과물이라고 말할 수 있을 정도였다.

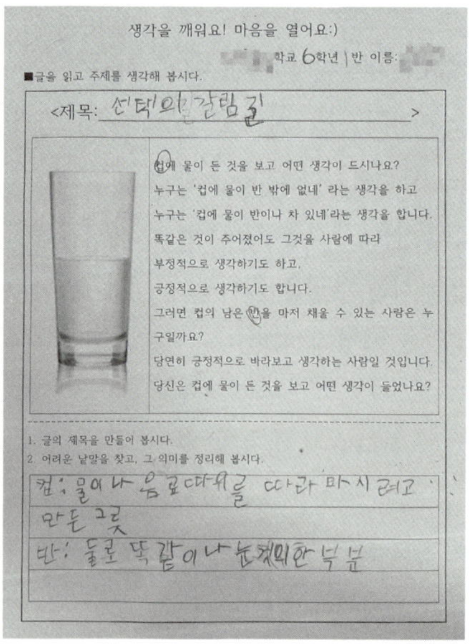

생각을 깨워요! 마음을 열어요:)

학교 6학년 1반 이름:

■글을 읽고 주제를 생각해 봅시다.

<제목: 선택의 갈림길>

컵에 물이 든 것을 보고 어떤 생각이 드시나요?
누구는 '컵에 물이 반 밖에 없네' 라는 생각을 하고
누구는 '컵에 물이 반이나 차 있네'라는 생각을 합니다.
똑같은 것이 주어졌어도 그것을 사람에 따라
부정적으로 생각하기도 하고,
긍정적으로 생각하기도 합니다.
그러면 컵의 남은 반을 마저 채울 수 있는 사람은 누구일까요?
당연히 긍정적으로 바라보고 생각하는 사람일 것입니다.
당신은 컵에 물이 든 것을 보고 어떤 생각이 들었나요?

1. 글의 제목을 만들어 봅시다.
2. 어려운 낱말을 찾고, 그 의미를 정리해 봅시다.

컵: 물이나 음료따위를 따라 마시려고 만든 그릇
반: 둘로 똑같이 나눈 것의 한 부분

[글을 읽고 주제에 어울리는 제목 만들기]

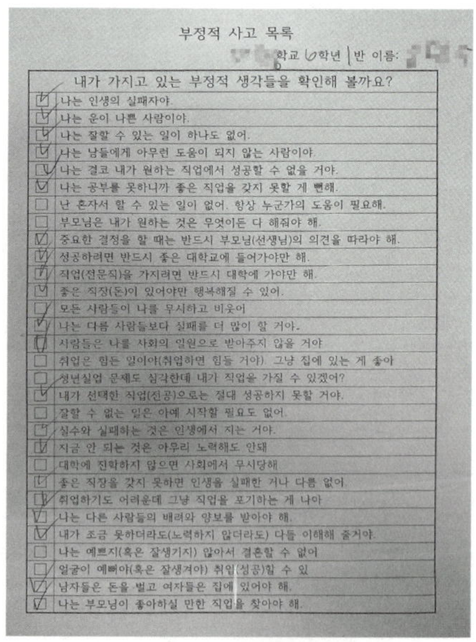

부정적 사고 목록

학교 6학년 1반 이름:

내가 가지고 있는 부정적 생각들을 확인해 볼까요?

- 나는 인생의 실패자야.
- 나는 운이 나쁜 사람이야.
- 나는 잘할 수 있는 일이 하나도 없어.
- 나는 남들에게 아무런 도움이 되지 않는 사람이야.
- 나는 결코 내가 원하는 직업에서 성공할 수 없을 거야.
- 나는 공부를 못하니까 좋은 직업을 갖지 못할 게 뻔해.
- 난 혼자서 할 수 있는 일이 없어. 항상 누군가의 도움이 필요해.
- 부모님은 내가 원하는 것은 무엇이든 다 해줘야 해.
- 중요한 결정을 할 때는 반드시 부모님(선생님)의 의견을 따라야 해.
- 성공하려면 반드시 좋은 대학교에 들어가야만 해.
- 직업(전문직)을 가지려면 반드시 대학에 가야만 해.
- 좋은 직장(돈)이 있어야만 행복해질 수 있어.
- 모든 사람들이 나를 무시하고 비웃어
- 나는 다름 사람들보다 실패를 더 많이 할 거야.
- 사람들은 나를 사회의 일원으로 받아주지 않을 거야
- 취업은 힘든 일이야(취업하면 힘들 거야). 그냥 집에 있는 게 좋아
- 청년실업 문제도 심각한데 내가 직업을 가질 수 있겠어?
- 내가 선택한 직업(전공)으로는 절대 성공하지 못할 거야.
- 잘할 수 없는 일은 아예 시작할 필요도 없어.
- 실수와 실패하는 것은 인생에서 지는 거야.
- 지금 안 되는 것은 아무리 노력해도 안돼
- 대학에 진학하지 않으면 사회에서 무시당해
- 좋은 직장을 갖지 못하면 인생을 실패한 거나 다름 없어
- 취업하기도 어려운데 그냥 직업을 포기하는 게 나아
- 나는 다른 사람들의 배려와 양보를 받아야 해.
- 내가 조금 못하더라도(노력하지 않더라도) 다들 이해해 줄거야.
- 나는 예쁘지(혹은 잘생기지) 않아서 결혼할 수 없어
- 얼굴이 예뻐야(혹은 잘생겨야) 취업(성공)할 수 있
- 남자들은 돈을 벌고 여자들은 집에 있어야 해.
- 나는 부모님이 좋아하실 만한 직업을 찾아야 해.

[부정적인 '나' 생각해 보기]

▸ 제재: 부정적 생각 변화시키기

차시	주요 학습 활동	평가과제	수업자료 (매개체)
5~6	• 텍스트를 읽고 주제 찾기 • 정서와 행동적 논박하기 • 긍정적인 생각하기 • 긍정적인 지지를 통해 격려받기	부정적 생각 바꾸기	긍정적 지지 활동지

「부정적 생각 변화시키기」는 긍정적 사고 능력을 키우기 위한 활동에 가장 핵심이 되는 활동으로 볼 수 있다. 자신이 가지고 있던 부정적인 생각을 긍정적인 생각으로 바꾸는 것도 중요하지만 내가 경험하지 않은 상황과 생각들을 긍정적인 해석으로 받아들일 수 있는 역량을 키우는 것이 무엇보다 중요하기 때문이다.

이를 위해 주어진 부정적인 정서와 행동을 논박하고, 긍정적으로 바꾸어 생각하며 생각한 결과에 대해 긍정적 지지를 통해 격려받기 활동으로 구성하였다. 이 과정은 앞서 참고한 집단상담 프로그램에 제시된 활동으로 **인지적 재구성 상담 원리인 REBT(Rational Emotive Behavior Therapy) 이론을 기초**로 하고 있다.

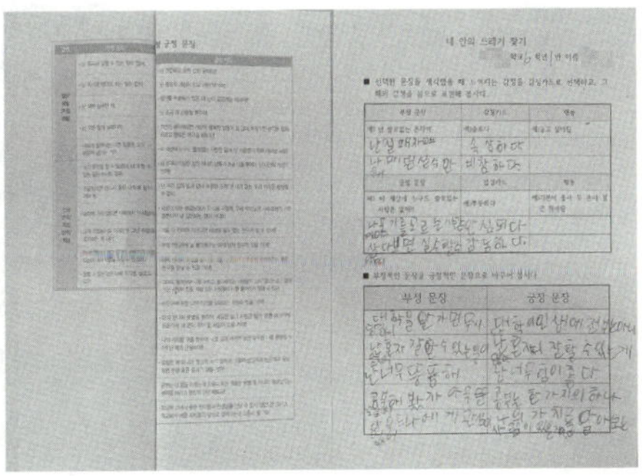

[긍정적 생각하기]

▶ 제재: 부정적 생각 탈출해 보기

차시	주요 학습 활동	평가과제	수업자료 (매개체)
7~8	• 텍스트를 읽고 주제 찾기 • 부정적 생각 찾기 • 긍정적인 말로 바꾸기 • 부정적 생각 탈출하기	부정적 생각 탈출 활동	-

「부정적 생각 탈출하기」는 자신이 가지고 있는 부정적인 생각을 긍정적인 말로 바꾸어 발표하는 것으로 부정적 생각을 탈출하고자 하는 **의지를 행동적으로 표현하는 것**을 중심 활동으로 하고 있다. 그래서 최초 계획은 부정적인 생각을 포스트잇에 작성하고, 작성한 포스트잇을 풍선에 붙여 터트리는 활동을 계획했었다.

그런데 이 학생의 경우 소리에 민감한 특성을 보였으며, 자신이 작성한 결과물을 담임 선생님께 보여주고 싶다는 의견을 제시하였다. 그래서 처음 계획했던 활동 대신 활동지에 부정적인 생각을 적은 포스트잇을 붙이고 긍정적인 말과 칭찬 스티커를 붙이는 활동으로 대체하였다. 그리고 활동 결과물은 추가로 포트폴리오하였다.

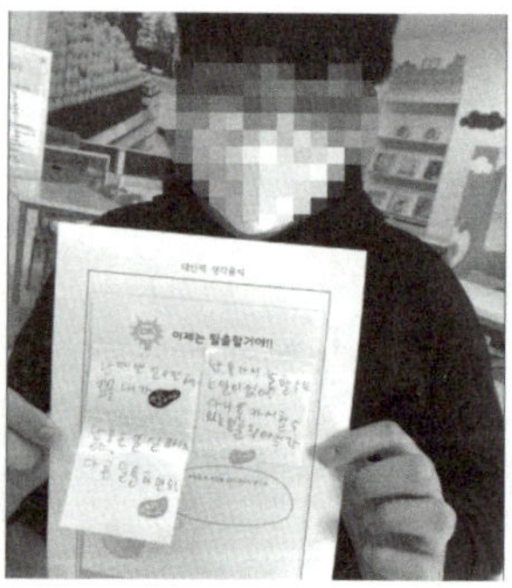

[버리고 싶은 부정적 생각을 찾아 긍정적인 말로 바꾸기]

▸ 제재: 긍정적인 '나'의 미래 꿈꾸기

차시	주요 학습 활동	평가과제	수업자료 (매개체)
9~10	• 텍스트를 읽고 주제 찾기 • 나의 강점 찾아보기 • 나의 미래 상상하기 • 나의 꿈 선포하기	나의 강점 찾기	활동지

긍정적 사고를 위한 「내일로 나르샤」 수업의 마지막은 나의 강점을 찾고 나의 미래를 상상하며 꿈을 선포하는 활동이다. 여기에서 가장 중요한 활동은 단순히 되고 싶은 장래 희망을 적는 것이 아니라 꿈이 이루어졌을 미래를 생각하며 구체적으로 상상하고, 그것을 선포하는 것이다.

처음 이 활동을 구성할 때 과연 학생이 이 활동에 참여할까 하는 의구심이 들었다. 평소 자신의 감정을 솔직하게 표현하는 것에 소극적이며 매우 부끄러워하는 모습을 보였기에 의도한 활동이 이루어지지 않을 수도 있겠다는 생각을 했다. 그러나 막상 활동을 제시하였을 때 자신이 하고 싶은 일을 거침없이 써 내려갔으며 무엇을 어떻게 해야 원하는 일을 할 수 있는지에 대해 질문하며 많은 관심을 보였다.

그 모습을 보면서 잘하면 오늘은 발표까지 할 수 있겠다는 생각이 들었다. 물론 순회교육이라는 특성상 학생과 교사인 나만 있었지만 이번 기회를 통해 자신의 감정을 솔직하게 표현하는 경험을 해 본다면 이것 또한 자신의 성공 경험을 늘려갈 수 있는 계기가 될 것이라 생각했다. 그리고 결국 그 도전은 성공하고야 말았다. 원래 목표에서 더 나아가 촬영을 해도 되겠냐는 질문에 '괜찮다'는 답변과 함께 자신의 꿈을 당당하게 발표하였다.

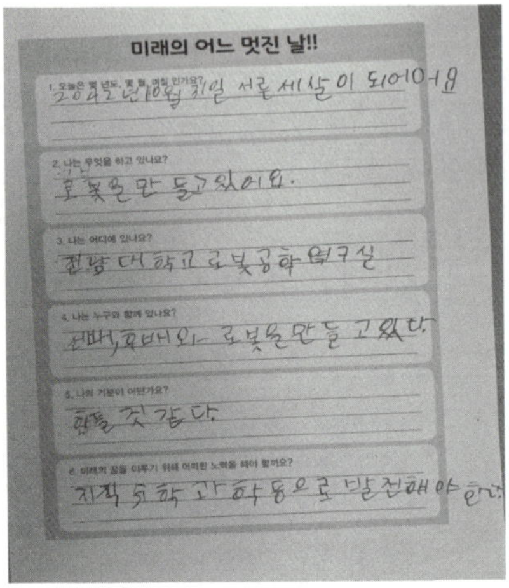

[나의 미래 상상하기]

[나의 꿈 선포하기]

Step 4 교사교육과정 되짚어 보기

특수교사로서 경계하는 것들 중 하나는 '나의 경험과 상식에 의존하지 않는 것'이다. 지적으로 어려움을 가지고 있는 학생들과 함께 수업을 하다 보면 교육과정과 교과 내용을 의식하기보다 내가 살아왔던 삶과 경험에 비추어 가르쳐야 할 것을 결정하는 경우가 많다. 그래서 동일한 주제를 가지고 교육과정을 설계하더라도 교과의 특성을 드러내려고 노력하고, 이를 위해 교과 교육과정을 꼼꼼하게 살피고 나서 교사교육과정을 설계한다.

그런 면에서 개념 기반 교육과정 설계는 추상적일 수 있는 지식을 구체화하는 데 도움을 준다. 또한 가르치는 자의 경험과 상식에 의존하여 구성될 수 있는 파편적이고 편협한 내용을 다양하고 맥락이 있게 구성할 수 있도록 유도한다.

이번에 소개한 교육과정이 개념 기반 교육과정의 장점을 두드러지게 보여준 교육과정이라 말할 수 있다. '자존감 향상'이라는 주제 자체가 특별히 어렵거나 낯선 것은 아니다. 그렇기 때문에 교사의 경험과 상식에 의존하기 쉽고, 막연한 성찰과 활동으로 충분히 다루었다고 판단하며 마무리 지어버릴 수 있는 주제였다.

그러나 개념 기반으로 주제와 개념을 탐색하고, 개념적 렌즈를 통해 개념을 확인하고 스트랜드를 조직하는 과정을 통해 다양한 측면에서 개념과 내용을 고민하게 되었다. 그리고 생각하지 못했던 내용을 더하게 되고, 교육과정을 설계한 교사로서 중점을 두고자 했던 부분이 무엇인지 구체화하는 과정을 통해 추상적인 개념을 구체화하였다. 또한 다양한 내용과 활동으로 맥락이 있는 수업을 설계할 수 있어 실제 수업을 실행해 가면서 참여하는 학생의 색다른 모습과 능력을 발견할 수 있었다. 더불어 수업하는 재미, 변화하는 재미, 배움의 재미를 교사인 나도 함께 느낄 수 있었다.

특수교사로서 살면서 다양한 측면에서 만족감을 느낄 것이다. 직업적 안정성, 경제적 수준, 적당한 사회적 지위 등. 그러나 우리가 가장 크게 만족감을 느끼며 살아가는 이유는 배움을 통해 성장해 가는 학생들을 바로 옆에서 볼 수 있고 어제와는 또 다른 새로운 모습을 발견해 가는 재미가 아닐까 싶다.

이번 교사교육과정을 계획하고 학생과 함께 만들어가면서 그런 재미를 참 많이 느낄 수 있었다. 할 수 있을까 했던 활동을 수행해 내고, 평소에 보이지 않았던 적극적인 모습을 발견하고, 기대했던 것 이상의 결과물을 만들어내는 모습을 보면서 교육과정을 만들기 위해 고민하고 애썼던 노력이 헛것이 아니었다는 생각을 하게 되었다.

그렇다. 배움에는 헛것이 없다. 언제, 어떤 계기를 통해 발현되는 시기가 다를 뿐이지 배움에는 헛것이 없이 쌓이고 쌓인다. 이번 수업을 통해 또 하나를 쌓고 간다.

02 학급 생활 적응을 위한 「DTST 굿클래스-스루」 : 초등특수학급사례

Step 1 교사교육과정 계획 의도

통합교육에 대한 필요성과 사회적 관심, 인식의 변화로 인해 특수학급의 수는 급진적으로 늘어나고 있다. 특수학급은 대부분 3개 학년 이상의 다학년 학급으로 구성되어 있으며, 개별화교육은 물론, 학생이 소속된 학년의 교육과정을 성취하도록 지원하여야 한다.

학급 생활 적응을 위한 「DTST 굿클래스-스루」는 다학년 수준의 다른 학생들이 학교생활에 적응할 수 있도록 기획한 초등학교 특수학급의 적용 사례이다. **새로운 환경에 적응하기 위해 익혀야 하는 생활양식 혹은 행동패턴**에 관심을 가지고, **'경험해서 습관화하는 것'**을 교육의 중점으로 두었다.

학급 생활 적응을 위한 「DTST 굿클래스-스루」는 2학기 국어 교과를 중심으로 편성·운영한 교사교육과정으로 일반초등학교 특수학급에 있는 학생들을 대상으로 **'슬기로운 학교 생활하기'** 프로젝트 수업으로 설계하였다. 대상 학생들은 다양한 학력 수준을 보였으며, 가장 낮은 수준의 학생의 경우, 읽기·쓰기 수준과 수학 중 연산영역 수준이 초등학교 1학년 1학기에 해당되었다. 학업 이외 기타 표면적으로 나타나는 도전 행동도 모두 다르지만 공통적으로 주의집중 시간이 짧고 경청에 어려움을 보였다. 결과적으로 대부분의 학생들이 학습과 학교생활 적응을 위한 주의집중력, 대화기술, 기초학업기술이 상대적으로 부족하여 이 부분에 대한 지도가 필요하였다.

Step 2 개념 기반 교육과정으로 교사교육과정 설계하기

하나, 주제 설정과 스트랜드 조직하기

[주제 설정]

교사교육과정 계획 의도에서 밝힌 바와 같이 **'학교생활 적응(슬기로운 학교생활 하기)'을 주제로 설정**하였다. 이후 개념적 렌즈를 통한 개념을 확인하기 위해 '관계 맺음'에 포함될 수 있는 주요 개념들을 확인하였다. 이를 생각 그물로 정리하면 다음과 같다.

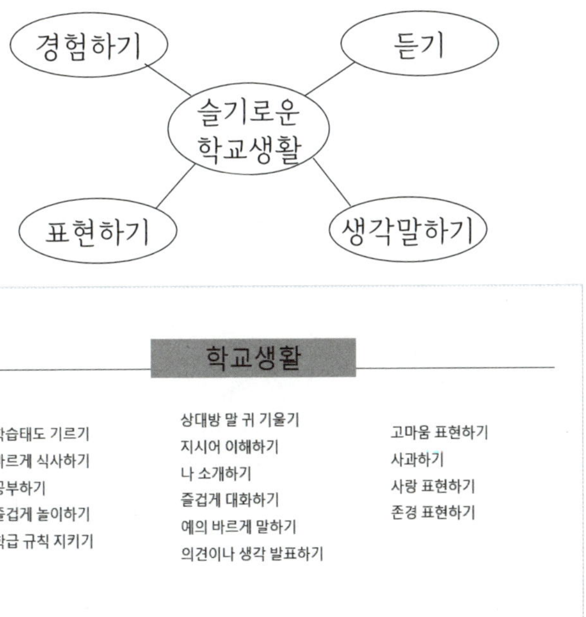

[주요 개념을 포함한 생각 그물]

[개념적 렌즈를 통한 개념 확인]

학교생활 향상이라는 주제에 대해 '경험하기', '표현하기', '듣기', '생각 말하기'의 네 개의 개념을 구성한 이후 개념적 렌즈를 통해 실제로 가르칠 것인지 결정하였다. 이때 활용한 **개념적 렌즈는 '관계 맺음'**이다. 기본적인 학습 태도를 모방하는 것, 바르게 식사를 하는 것, 즐겁게 공부하고 놀이하는 것, 대화하기, 사랑 표현하기도 결국은 **'관계'가 결정하는 것**이기 때문에 슬기로운 학교생활을 위해서는 성공적인 대인관계를 맺기 위한 활동들이 필요한 것으로 판단하였다.

[스트랜드 조직하기]

주제에 대한 개념을 결정한 이후 **스트랜드 조직을 위해 각 개념에 대한 내용을 분석**하였다. 이때에도 역시 학교생활 적응을 위해 가장 기본적으로 필요로 하는 것들을 먼저 분석하고 **여기에 교사의 생각을 더해 각각의 개념과 연결**하였다. 아래 그림은 떠오르는 빅아이디어를 중심으로 생각 그물로 정리하기 시작한 과정이다.

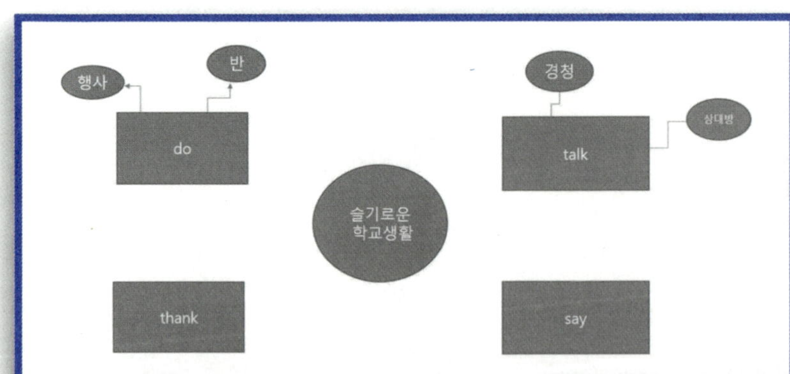

[개념에 대한 스트랜드 조직하기 과정]

슬기로운 학교생활을 지도하기 위해 학교 또는 이곳과 관련된 인물들, 학교 근처 지역들을 중심으로 **[DO-Talk-Say-Thank]**라는 4가지 키워드를 통해 관계 맺음의 세부 내용을 추출하였다.

슬기로운 학교생활	
Do	학교에서 함께하기, 내 경험 살려 말하기 현장체험학습으로 경험에 대한 감정 알기
Talk	경청의 뜻, 경청하는 자세 알기, 게임으로 대화하기 *여기에서 Talk란 대화를 하되, 경청이 상당히 중요한 역할임
Say	나와 직업, 동화책 등 소개하기 요구의 뜻 알고 표현하기, 직업 선택하고 직업카드 만들기
Thank	계절의 변화 느끼기, ○○마트에서 선물 선택하고 카드 쓰기

둘, 개념 기반 교육과정 설계 한눈에 보기

주제의 주요 개념에 대한 스트랜드를 조직한 후 구체적인 교사교육과정 설계를 위해 **개념 기반 교육과정 설계 템플릿을 활용**하여 '일반화 진술하기'의 과정과 '안내질문(또는 핵심질문) 만들기', '성취기준 분석 및 연결', '평가계획'을 구체화하였다.

1단계. 주제명과 주제가 필요한 이유

주제명은 「슬기로운 학교생활하기」로 설정하였으며 주제가 필요한 이유는 **통합교육과 연계되어 있는 특수학급**의 경우 관계 맺음에서 필요로 하는 명확한 지식과 기능, 태도의 긍정적 변화가 요구되기 때문이다. 즉 듣고 말하기, 같은 주제로 대화하기 등 의사소통의 부재에서 오는 갈등상황을 피하고 결과적으로는 통합학급 친구들과 건강한 관계를 형성하고 학급 생활을 '잘' 하기 위함이다.

2단계. 무엇을 배우길 원하는가

학교생활 적응을 위한 준비와 대응은 새로운 환경에 대한 성공감과 자신감을 가지게 해준다는 생각을 기반으로 일반화하여 다음과 같이 기술하였다.

[일반화 진술]

바람직한 공동체 생활을 위해 필요한 경험(하기)과 의사소통(경청, 표현하기)의 중요성을 알고 실천한다.

3단계. 안내질문은 무엇인가

본 수업에서 다루게 되는 개념은 '관계 맺음'이라는 개념적 렌즈를 통해 직업과 지역사회, 학교생활에서 기본적으로 갖추어야 할 태도와 학습 태도 기르기, 타인에 대한 이해와 올바른 대화하기, 감사와 사랑, 존경 표현하기를 선정하였다. 특히 관계 맺음에서 가장 중요한 요소는 학교에서 할 수 있는 [경험]과 [경청과 표현하기]라고 판단하여 이를 초점화하여 다음과 같이 안내 질문을 만들었다.

안내 질문: 슬기로운 학교생활을 하기 위해 어떤 경험을 하고 대화를 해야 할까?

4단계. 배워야 할 지식 기능 태도는 무엇인가

주요 개념과 각 개념에 대한 스트랜드와 안내 질문을 통해 초점화한 학습 방향과 내용을 바탕으로 **'지식', '기능', '태도'로 구체화하여 제시**하였다. 이 과정을 통해 **교과 교육과정의 내용 요소와 관련 성취기준을 추출**하였다.

5단계. 관련 교과 및 영역, 내용요소는 무엇인가

다루게 되는 개념과 스트랜드가 기본 교육과정 국어 교과의 어떤 영역, 어떤 내용 요소와 관련되어 있는지 분석한 결과 '듣기 • 말하기, 읽기, 쓰기 영역' 모두와 관련이 있으며, 내용 요소로는 '대화와 공감, 경험한 일, 낱말의 이해, 바른 말 고운 말 쓰기' 등과 관련이 있는 것으로 판단하였다.

6단계. 관련 성취기준과 성취기준 기빈 평가기준은 무엇인가

내용 요소와 관련된 공통 교육과정 국어 교과의 성취기준을 탐색하고 분석한 결과, [4국01-01], [4국02-05], [4국03-04]가 본 수업의 개념, 스트랜드와 관련이 있는 것으로 확인되었다. 이 과정을 통해 교육과정적 근거를 마련하고 성취기준에 대한 평가기준을 수립하였다.

7단계. 활동에 대한 평가는 어떻게 할 것인가

과정중심평가를 위해 주어질 평가과제에 대한 주요 평가요소는 '꿈 소개하기'와 '지역사회 현장 살피기', '글쓰기'로 설정하였고 각 요소별 평가기준 또한 3개 수준으로 수립하여 학생의 학습 과정에 따라 피드백이 될 수 있게 준비하였다. **각 평가요소별 구체적인 평가 과제**는 **학습 활동 설계**에서 제시하였으며 예시로 4학년을 기준으로 안내하고자 한다.

단계	생각 질문	생각 정리
1	주제가 필요한 이유는 무엇인가?	주제: 슬기로운 학교생활 일상생활과 관련된 주제로 친구와 긴단한 대화를 나누기, 상대방의 말을 듣고 행동하기 등 의사소통에 필요한 기능과 필요성을 바탕으로 건강한 관계 형싱 및 생활하기
2	학생들이 무엇을 배우길 원하는가?	바람직한 공동체 생활을 위해 필요한 경험(하기)과 의사소통(듣기 • 말하기, 표현하기)의 중요성을 알고 실천한다.
3	배움을 위한 핵심 질문은 무엇인가?	슬기로운 학교생활을 하기 위해 어떤 경험을 하고 대화를 해야 할까? (직업 / 현장체험 / 게임 / 선물)

<table>
<tr><th>단계</th><th>생각 질문</th><th colspan="6">생각 정리</th></tr>
<tr><td rowspan="3">4</td><td rowspan="3">배워야 할 지식, 기능, 태도는 무엇인가?</td><td>지식</td><td colspan="5">마음표현, 대화의 즐거움, 높임법과 언어예절, 표정 몸짓 말투</td></tr>
<tr><td>기능</td><td colspan="5">경청하기(주의집중, 듣기, 말하기)
표현하기, 내용 확인하기, 독서경험 공유하기
가족과 친구, 도와주는 사람에게 감사</td></tr>
<tr><td>태도</td><td colspan="5">경험과 느낌 나누기, 감상하기
예의를 지켜 듣고 말하기, 태도 가지기</td></tr>
<tr><td rowspan="2">5</td><td rowspan="2">관련 교과 및 영역, 내용 요소는 무엇인가?</td><td>교과명</td><td>영역</td><td colspan="4">내용요소</td></tr>
<tr><td>국어</td><td>듣기·말하기, 읽기, 쓰기 포함하는
의사소통</td><td colspan="4">대화의 즐거움
표정, 몸짓, 말투
예의를 지켜 듣고 말하기
경험과 느낌 나누기
마음을 표현하는 글
동화
높임법과 언어예절</td></tr>
<tr><td rowspan="8">6</td><td rowspan="8">관련 성취 기준과 성취 기준 기반 평가 기준은 무엇인가?</td><td colspan="2" rowspan="2">주요 성취기준</td><td colspan="4">성취기준 기반 평가</td></tr>
<tr><td>평가방법</td><td>평가 내용</td><td colspan="2">평가기준</td></tr>
<tr><td colspan="2">[4국01-01] 대화의 즐거움을 알고 대화를 나눈다.</td><td rowspan="3">구술평가
체크리스트</td><td rowspan="3">책,꿈 소개하기 발표</td><td>3</td><td>내가 좋아하는 책과 꿈 소개하기를 통해 대화의 즐거움을 알고 다양한 상황에서 능동적으로 대화를 나눌 수 있다.</td></tr>
<tr><td colspan="2" rowspan="2">지식: 대화의 즐거움
기능: 대화하기</td><td>2</td><td>내가 좋아하는 책과 꿈 소개하기를 통해 대화의 즐거움을 알고 대화를 나눌 수 있다.</td></tr>
<tr><td>1</td><td>내가 좋아하는 책이나 꿈 소개하기 중 선택하여 말할 수 있고 대화에 참여할 수 있다.</td></tr>
<tr><td colspan="2">[4국02-05] 읽기 경험과 느낌을 다른 사람과 나누는 태도를 지닌다.</td><td rowspan="3">면접
관찰</td><td rowspan="3">현장 체험
(도서관)</td><td>3</td><td>자신의 읽기 경험이나 독서 활동을 통해 얻게 된 생각이나 느낌을 다양한 매체를 활용하여 다른 사람과 적극적으로 나누는 태도를 지닌다.</td></tr>
<tr><td colspan="2" rowspan="2">지식: 읽기 경험과 느낌
태도: 지속적으로 다른 사람과 나누는 태도</td><td>2</td><td>자신의 읽기 경험이나 독서 활동을 통해 얻게 된 생각이나 느낌을 다른 사람과 나누는 태도를 지닌다.</td></tr>
<tr><td>1</td><td>읽기 경험과 독서를 통해 얻게 된 느낌을 다른 사람과 가끔 나눈다.</td></tr>
</table>

<table>
<tr><th>단계</th><th>생각 질문</th><th colspan="5">생각 정리</th></tr>
<tr><td rowspan="3"></td><td rowspan="3"></td><td>[4국03-04] 읽는 이를 고려하며 자신의 마음을 표현하는 글을 쓴다.</td><td rowspan="3">서술평가
관찰</td><td rowspan="3">글쓰기</td><td>3</td><td>읽는 이의 흥미나 관심, 입장, 반응 등을 충분히 고려하여 자신의 정서나 감정을 효과적으로 표현하는 글을 쓸 수 있다.</td></tr>
<tr><td rowspan="2">지식: 자신의 마음을 표현하는 글
기능: 글쓰기</td><td>2</td><td>읽는 이의 흥미나 관심, 입장, 반응 등을 고려하여 자신의 정서나 감정을 표현하는 글을 쓸 수 있다.</td></tr>
<tr><td>1</td><td>읽는 이의 흥미나 관심, 입장, 반응 등을 부분적으로 고려하여 자신의 정서나 감정을 표현하는 글을 쓸 수 있다.</td></tr>
<tr><td rowspan="5">7</td><td rowspan="5">활동에 대한
평가는 어떻게
할 것인가?
(평가 루브릭)</td><td>평가방법</td><td colspan="4">슬기로운 학교생활하기 포트폴리오</td></tr>
<tr><td rowspan="4">구술평가</td><td>요소
수준</td><td colspan="2">대화하기</td><td>경험하고 표현하기</td></tr>
<tr><td>3</td><td colspan="2">의사소통의 중요성을 알고 적극적으로 주제를 정하여 상대방과 대화하며 즐거움을 느낄 수 있다.</td><td>공동체생활에서 지켜야 할 규칙을 알고 적극적으로 경험하며 다양하게 느낌을 표현할 수 있다.</td></tr>
<tr><td>2</td><td colspan="2">의사소통의 중요성을 알고 제시된 주제에 대해 상대방과 대화할 수 있다.</td><td>공동체생활에서 지켜야 할 규칙을 알고 경험하며 느낌을 표현할 수 있다.</td></tr>
<tr><td>1</td><td colspan="2">제시된 주제에 대해 상대방과 부분적으로 참여할 수 있다.</td><td>부분적으로 공동체생활에서 지켜야 할 규칙을 알고 경험할 수 있다.</td></tr>
</table>

** 2022 개정 교육과정은 24년 1, 2학년부터 적용이 되는 점을 고려하여 2015 교육과정 중 공통 교육과정의 3, 4학년군 성취기준을 바탕으로 교육계획을 제시하였다. 이에 위의 2015 개정 교육과정과 내용적으로 부합하는 2022 개정 교육과정의 성취기준을 생각해봐야 할 필요성이 있다. 이러한 부분들은 교사 스스로 지속적으로 생각해보아야 할 과제들이며 전문적 학습공동체가 교사교육과정을 연구할 때도 우선적으로 진행해봐야 할 부분으로 생각된다.

셋, 교사교육과정 계획 한눈에 보기

개념 기반으로 '학교생활 적응력 향상'의 실제 수업을 설계하기 위해 먼저 소주제에 따라 관련된 자료(교육과정 성취기준, 동화책, 통합학급 평가계획 등)를 수집하였다. 이를 토대로 교육과정과 수업, 월별 평가계획을 한눈에 파악할 수 있도록 다음과 같이 **'주제계획표'**를 정리하였다.

월	소주제	매개체(그림 동화책)
3	우리 학교에서 뭐 할까?	선생님은 몬스터
4		알레나의 채소밭
5	우리 뭐 할까?	제라드의 우주쉼터 초코곰과 젤리곰
6	우리 마을에서 뭐 할까?	한이네 동네 이야기 삐악삐악 슈퍼마켓
7		수박 수영장 팥빙수의 전설
8	우리 지역에서 뭐 할까?	말하면 힘이 세지는 말 다다다른 별 학교
9		
10	우리 뭐 할까?	책 읽어주는 고릴라 책 읽어주는 로봇
11	우리 지역에서 뭐 할까?	플라스틱 섬 할머니의 용궁여행
12-1		두더지의 소원 초코가루 사러 가는 길에 호랑이 칼레의 행복한 줄무늬 선물

<table>
<tr><th>월</th><th colspan="2">소주제</th><th>관련
성취기준</th><th>매개체
(동화)</th><th>핵심역량</th><th>수업
방법</th><th>공유방법</th><th>평가
방법</th></tr>
<tr><td>3</td><td rowspan="2">학교
--
우리
학교에서
뭐 할까?</td><td>학급학교
구조·
규칙</td><td>[2국01-05] 말하는 이와 말의 내용에 집중하며 듣는다.
[4국01-01] 대화의 즐거움을 알고 대화를 나눈다.
[6국01-07] 상대가 처한 상황을 이해하고 공감하며 듣는 태도를 지닌다.
[6국01-01] 구어 의사소통의 특성을 바탕으로 하여 듣기・말하기 활동을 한다.</td><td>선생님은
몬스터/
학급 신문
만들기</td><td>자기 관리
(기본생활
습관형성)</td><td>토의·토론</td><td>발표</td><td>토의토론</td></tr>
<tr><td>4</td><td>봄
(생명)</td><td>[2국02-01] 글자, 낱말, 문장을 소리 내어 읽는다.
[2국03-01] 글자를 바르게 쓴다.
[2국02-03] 글을 읽고 주요 내용을 확인한다.
[4국02-02] 글의 유형을 고려하여 대강의 내용을 간추린다.
[6국02-02] 글의 구조를 고려하여 글 전체의 내용을 요약한다.</td><td>알레나의
채소밭</td><td>공동체 역량
(협동과 협업)
토마토
화분 기르기</td><td>실습
개별학습</td><td>식물
키우기
기록장</td><td>포트
폴리오</td></tr>
<tr><td rowspan="2">5</td><td rowspan="2">우리
--
우리
뭐 할까?</td><td>감정</td><td>[2국04-04] 글자, 낱말, 문장을 관심 있게 살펴보고 흥미를 가진다.
[4국02-03] 글에서 낱말의 의미나 생략된 내용을 짐작한다.
[6국01-01] 구어 의사소통의 특성을 바탕으로 하여 듣기・말하기 활동을 한다.
[6국05-05] 작품에 대한 이해와 감상을 바탕으로 하여 다른 사람과 적극적으로 소통한다.</td><td>제라드의
우주쉼터</td><td>자기관리
(자기
감정조절)</td><td rowspan="2">역할놀이,
미션활동</td><td rowspan="2">교육 연극 →
광고 만들기</td><td rowspan="2">자기평가
상호평가
교사평가</td></tr>
<tr><td>소통</td><td>[2국03-05] 쓰기에 흥미를 가지고 즐겨 쓰는 태도를 지닌다.
[2국04-01] 한글 자모의 이름과 소릿값을 알고 정확하게 발음하고 쓴다.
[4국01-04] 적절한 표정, 몸짓, 말투로 말한다.
[6국04-01] 언어는 생각을 표현하며 다른 사람과 관계를 맺는 수단임을 이해하고 국어 생활을 한다.</td><td>초코곰과
젤리곰</td><td>의사소통
(듣기/경청,
말하기)</td></tr>
<tr><td>6</td><td rowspan="2">지역
(마을)
--
우리
마을에서
뭐 할까?</td><td>동네</td><td>[2국03-02] 자신의 생각을 문장으로 표현한다.
[4국03-03] 관심 있는 주제에 대해 자신의 의견이 드러나게 글을 쓴다.
[6국01-04] 자료를 정리하여 말할 내용을 체계적으로 구성한다.
[6국01-05] 매체 자료를 활용하여 내용을 효과적으로 발표한다.
[6국03-01] 쓰기는 절차에 따라 의미를 구성하고 표현하는 과정임을 이해하고 글을 쓴다.
[6국03-02] 목적이나 주제에 따라 알맞은 내용과 매체를 선정하여 글을 쓴다.
[6국03-06] 독자를 존중하고 배려하며 글을 쓰는 태도를 지닌다.</td><td>한이네
동네 이야기
삐악삐악
슈퍼마켓</td><td>공동체 역량
(협동과
협업능력)</td><td>조사활동
작성활동
인터뷰</td><td>책 만들기</td><td>포트
폴리오
평가</td></tr>
<tr><td>7</td><td>여름</td><td>[2국03-04] 인상 깊었던 일이나 겪은 일에 대한 생각이나 느낌을 쓴다.
[4국03-04] 읽는 이를 고려하며 자신의 마음을 표현하는 글을 쓴다.
[6국05-05] 작품에 대한 이해와 감상을 바탕으로 하여 다른 사람과 적극적으로 소통한다.
[6국05-06] 작품에서 얻은 깨달음을 바탕으로 하여 바람직한 삶의 가치를 내면화하는 태도를 지닌다.</td><td>수박 수영장
팥빙수의 전설</td><td>공동체 역량
(협동과
협업능력)</td><td>조사활동
전시</td><td>에너지 절약
캠페인</td><td>상호평가</td></tr>
</table>

월	소주제		관련 성취기준	매개체 동화	핵심역량	수업 방법	공유방법	평가 방법
8.9	학교 -- 우리 학교에서 뭐 할까?	직업	[2국04-04] 글자, 낱말, 문장을 관심 있게 살펴보고 흥미를 가진다. [4국03-01] 중심 문장과 뒷받침 문장을 갖추어 문단을 쓴다. [4국01-04] 적절한 표정, 몸짓, 말투로 말한다. [4국01-01] 대화의 즐거움을 알고 대화를 나눈다. [6국04-06] 일상생활에서 국어를 바르게 사용하는 태도를 지닌다. [6국01-04] 자료를 정리하여 말할 내용을 체계적으로 구성한다. [6국01-05] 매체 자료를 활용하여 내용을 효과적으로 발표한다.	**말하면 힘이 세지는 말** **다다다른 별 학교**	자기관리 (기본생활습관형성:경청, 말하기)	글쓰기	직업카드 만들기	체크 리스트 동료평가
10	우리 -- 우리 뭐 할까?	가을	[2국03-04] 인상 깊었던 일이나 겪은 일에 대한 생각이나 느낌을 쓴다. [4국03-04] 읽는 이를 고려하며 자신의 마음을 표현하는 글을 쓴다. [4국03-05] 쓰기에 자신감을 갖고 자신의 글을 적극적으로 나누는 태도를 지닌다. [4국02-05] 읽기 경험과 느낌을 다른 사람과 나누는 태도를 지닌다. [6국03-02] 목적이나 주제에 따라 알맞은 내용과 매체를 선정하여 글을 쓴다.	**책 읽어주는 고릴라** **책 읽어주는 로봇**	자기관리 (자기감정 조절) 의사소통 (말하기) 게임	현장체험 (어린이 도서관)	우리는 유튜버 (UCC 만들기, 제한적 공유)	면접 관찰
11	지역 (마을) -- 우리 마을에서 뭐 할까?	환경 캠페인	[2국02-01] 글자, 낱말, 문장을 소리 내어 읽는다. [4국02-05] 읽기 경험과 느낌을 다른 사람과 나누는 태도를 지닌다. [4국03-03] 관심 있는 주제에 대해 자신의 의견이 드러나게 글을 쓴다. [6국01-02] 의견을 제시하고 함께 조정하며 토의한다. [6국03-04] 적절한 근거와 알맞은 표현을 사용하여 주장하는 글을 쓴다.	**플라스틱 섬 할머니의 용궁여행**	공동체 역량 (협동과 협업능력)	토의토론	캠페인	체크 리스트
12.1		겨울	[2국05-01] 느낌과 분위기를 살려 그림책, 시나 노래, 짧은 이야기를 들려주거나 듣는다. [4국05-01] 시각이나 청각 등 감각적 표현에 주목하며 작품을 감상한다. [4국05-04] 작품을 듣거나 읽거나 보고 떠오른 느낌과 생각을 다양하게 표현한다. [4국03-04] 읽는 이를 고려하며 자신의 마음을 표현하는 글을 쓴다. [6국01-07] 상대가 처한 상황을 이해하고 공감하며 듣는 태도를 지닌다. [6국05-06] 작품에서 얻은 깨달음을 바탕으로 하여 바람직한 삶의 가치를 내면화하는 태도를 지닌다.	**두더지의 소원** **초코가루 사러 가는 길에** **호랑이 칼레의 행복한 줄무늬 선물**	공동체 역량 (협동과 협업능력)	역할놀이 (선물 주기)	발표	관찰 실기

4월	주제	학교에서 뭐 할까?

학년		1		4		3		5	
단원		1-1-5. 다정하게 인사해요 1-1-2. 재미있게 ㄱ ㄴ ㄷ		7. 사전은 내친구 2. 내용을 간추려요		2. 문단의 짜임 5. 중요한 내용 적어요		8. 아는 것과 새롭게 안 것 3. 글을 요약해요	
성취기준		[2국1-1]		[4국04-02]		[4국02-01]		[6국02-01] [6국04-02]	
		[2국4-1] [2국3-1] [2국2-1]		[4국04-03] [4국02-02]		[4국02-02]		[6국02-06]	
기본교육과정 관련 성취기준		[4국어02-02]		[4국어02-02]				[6국어02-02] [6국어03-03]	
교육 내용	기간	차시	내용	차시	내용	차시	내용	차시	내용
		엘레나의 채소밭 봄, 생명 식물 탐색							
		1	1-1-5. 다정하게 인사해요 인사할 때 마음가짐 알기	1	4-1-7. 사전은 내 친구 낱말의 뜻 짐작하기	1	3-1-2. 문단의 짜임 설명하는 글 읽기	1	5-1-8. 아는 것과 새롭게 안 것 낱말의 짜임 알기
		2	알맞은 인사말 알기(1)	2	낱말 사이의 관계 알기	2	중심문장과 뒷받침 문장 표시하기	2	낱말 만드는 법 알기(1)[4-2]
		3	상황에 맞는 인사말하기(2)	3	낱말의 뜻을 사전에서 찾으며 글 읽기(1)(2)	3	중심문장 선택하기	3	낱말 만드는 법 알기(2)
		4	상황에 맞는 인사말하기(2)[1-1]	4	식물 사전 만들기(1)	4	자신의 의견이 있는 문장 더하여 문단 완성하기(1)[2-1]	4	엘레나의 채소밭 읽기(1)
		5	엘레나의 채소밭 읽기(1)	5	식물 사전 완성하기(2)[4-2]	5	엘레나의 채소밭 읽기(2)	5	엘레나의 채소밭 쓰기(2)
		6	엘레나의 채소밭(2)[2-1]	6	엘레나의 채소밭 읽기(1)	6	엘레나의 채소밭 읽기(3)	6	화분 꾸미기
		7	엘레나의 채소밭 쓰기(3)[3-1]	7	엘레나의 채소밭 읽기(2)[4-3]	7	3-1-5. 중요한 내용 적어요 글을 읽고 내용 간추리는 법 알기	7	동화와 관계된 겪은 일 떠올리며 글쓰기[2-1]

	기간	차시	내용	차시	내용	차시	내용	차시	내용
		8	1-1-2. 재미있게 ㄱ ㄴ ㄷ 바르게 자음 쓰기 방법 알기	8	4-1-2. 내용을 간추려요 들은 내용 간추리기	8	글을 읽고 내용 간추리는 법 알기(2)[2-2]	8	5-1-3. 글을 요약해요 설명하는 글 읽기
		9	자음자 모양 알기	9	문장의 짜임 알기(1)(2)	9	씽킹맵으로 표현하기(2)	9	비교 대조의 글 읽기
		10	자음의 소리 알기	10	글의 내용 간추리는 방법 알기(1)(2)	10	화분 꾸미기	10	엘레나의 채소밭 요약하기(1)[2-2]
		11	자음자 놀이하기(1)(2)[4-1]	11	엘레나의 채소밭 내용 간추리기	11	화분에게 편지 쓰기(1)	11	토마토 기르는 법 설명하는 글쓰기(2)[3-3]
		12	화분 꾸미기	12	엘레나의 채소밭 내용 간추리기(2)[2-2]	12	엘레나 아주머니에게 메모 쓰기(2)	12	엘레나 아주머니 메모 쓰기
		13	화분 편지 쓰기(1)(2)	13	화분 꾸미기	13	상상의 밭 그리기(1)(2)	13	토마토 음식 만드는 법을 찾고 발표하기
		14	꽃차 티백 만들기	14	화분에 메시지 남기기[4-3]	14	엘레나에게 어울리는 꽃차티백 만들기	14	설명하는 글 나만의 글로 고쳐쓰기
		15	메시지 남기기(1)(2)	15	토마토 음식 만들기 과정 기록하기	15	메시지 남기기	15	토마토 음식 만들기 과정 다시 기록하기
교육 방법		◦흉내 내는 말을 찾아 모습이나 소리를 직접 몸으로 표현할 수 있는 기회를 충분히 제공하며, 자석 글자를 이용하여 낱말을 만들어 보는 활동을 제공한다.		◦다양한 국어활동을 위해 학생이 실제적으로 익힐 수 있도록 일상 생활 장면에 삽입하여 일반화할 수 있도록 한다.		◦낱말의 의미에 알맞은 그림을 찾을 수 있도록 지도한다.		◦국어사전뿐만 아니라 인터넷을 활용하여 낱말을 찾아보는 활동을 충분히 할 수 있도록 지도한다.	
평가 계획	평가 방법	◦관찰, 질문, 체크리스트		◦글쓰기, 관찰		◦체크리스트, 글쓰기		◦관찰, 체크리스트, 글쓰기	
	평가 초점	◦일상생활에서 자주 사용하는 낱말을 따라 읽고 쓸 수 있는가?		◦쓰기에 흥미를 가지고 동화의 내용을 간추려 글쓰기를 할 수 있는가?		◦낱말의 의미를 짐작할 수 있는가? ◦글을 읽고 글의 내용을 간단히 간추릴 수 있는가?		◦낱말의 의미를 짐작하여 글의 핵심단어를 선택하여 말할 수 있는가? ◦중요한 주제어를 선택하여 요약하는 문장을 쓸 수 있는가?	

*예시자료로 월별 교육계획진도표 일부만을 소개함

Step 3 교사교육과정 실행하기

본 교사교육과정은 학교 및 학급생활에 적응하여 궁극적으로 슬기로운 학교생활을 하기 위해 경험하기, 경청하기, 생각하여 말하기, 표현하기의 과정을 소개하였으며 각 제재에 따른 주요 활동을 중심으로 소개하고자 한다.

슬기로운 학교생활	
Do	학교에서 함께하기, 내 경험 살려 말하기 현장체험학습으로 경험에 대한 감정 알기
Talk	경청의 뜻, 경청하는 자세 알기, 게임으로 대화하기 *여기에서 Talk란 대화를 하되, 경청이 상당히 중요한 역할임
Say	나와 직업, 동화책 등 소개하기 요구의 뜻 알고 표현하기, 직업 선택하고 직업카드 만들기
Thank	계절의 변화 느끼기, ○○마트에서 선물 선택하고 카드 쓰기

단계	세부활동내용
Do-1	do1    **'경험하기'**를 주제로 명절날 우리 집에서 하는 일에 대해 조사하고 명절음식 만들어 보기, [다다다른별 학교]동화책 캐릭터 선택하여 가방 꾸미기(선택한 이유를 친구들 앞에서 발표하기), 플로리스트와 함께 꽃상자 만들기(꽃상자를 줄 사람과 이유 발표하기) 등을 통해 개념 기반으로 설계한 주요 개념에 대한 내용과 더불어 국어 교과의 특성도 고려하였다.

단계	세부활동내용
Do-2	do 2 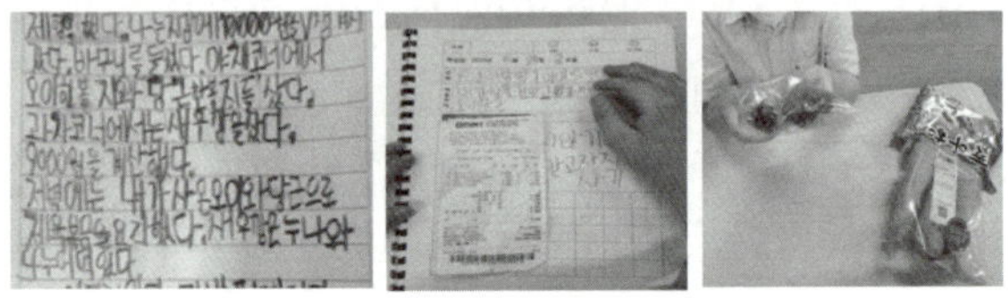
	1학기에는 교외활동으로 가정에서 필요로 하는 것들을 인터뷰하여 학생 본인이 기록하고 대형마트에서 돈을 관리하며 물건 사기 활동을 하였다. 이 또한 경험하기와 직접적 관련이 있는 주제였으며 국어 교과의 특성도 고려하였다.
Do-3	do 3 도서관 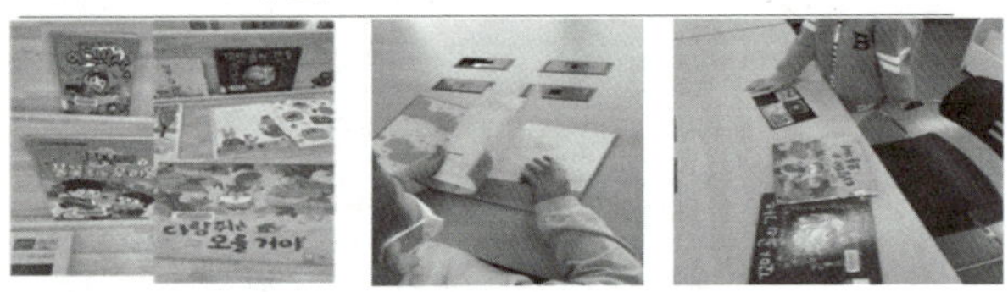
	2학기에는 교외활동으로 어린이도서관에 방문하여 공공기관에서의 언어예절을 지키며 원하는 책을 선택하기, 책 읽기, 도서관 둘러보기 등을 하였다. 다녀온 뒤에는 어떤 일이 있었는지 기록하기와 느낀 점 쓰고 발표하기를 사후활동으로 하였다.

['경험하기' 과정 주요 활동 소개]

경험하기 과정에서는 '학교생활 적응력 향상'이라는 목표를 두고 실천하였다. 이를 위해서 학교 안팎으로 일어나는 흥미로운 일을 주제활동으로 선정하는 것과 교실에서부터 점점 범위를 넓혀 경험하는 것을 전제 조건으로 하였다. 학교 안에서 만나는 교사와 또래 친구들에서부터 시작하여 다양한 구성원을 만나 인사를 나누는 것부터 중요한 배움활동으로 다루었다. 또한, 학교를 넘어 마트와 어린이 도서관과 같은 공공기관을 돌아보는 활동에서도 자연의 변화를 알고 우리 동네 탐방을 자연스럽게 함으로써 경험의 질을 높이려 노력하였다.

단계	세부활동내용
Talk-1	
	'경청하기'는 다른 사람의 의견을 귀 기울여 듣지 않고 두서없이 발하거나 행동해버리는 상황에 노출되지 않기 위해 필요한 것이어서 말을 하는 과정에서도 먼저 발표의 기회를 많이 제공하고 이 시기에는 청자의 자세와 역할을 안내한 후 잘 이행하는지 관찰하는 데 주력하였다.
Talk-2	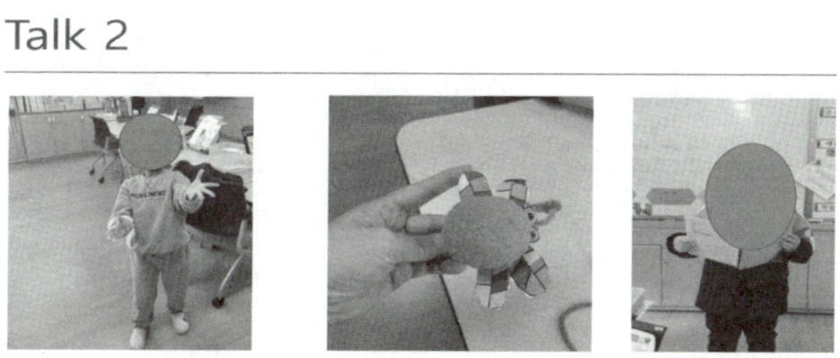
	상대방의 말이나 행동을 살펴보는 것이 될 때 간단한 게임의 규칙을 이해하고 게임 실행하기 등을 통해 간단한 대화가 오갈 수 있도록 하였다. 학습시간에 만든 것들을 활용하여 쉽고 빠른 게임을 소개하고 대화를 자연스럽게 유도하는 것이 좋다.

['경청하기' 과정 주요 활동 소개]

경청하기 과정에서는 모든 학생들에게 상당히 힘든 과제이며 지속적인 지도가 필요한 것으로 판단하였다. 그리하여 간단한 게임활동부터 어떤 주제에 대해 대화 주고받기 활동까지 다양한 상황에서 경청하기의 중요성을 반복하여 강조하였다.

단계	세부활동내용
Say	say 1 
	'경험하기-경청하기'의 단계에서 다음 단계로 자신의 생각과 느낌을 청자에게 전하는 **말하기**(표현하기) 단계이다. 직업(꿈, 진로)카드를 조사하고 원하는 직업들을 선택하여 선택의 기준과 이유를 발표하게 하였다.
	say 2 
	수업 매개체로 그림 동화책을 선택한 이유는 학생들이 흥미로울 수 있는 주제들이 동화책에 많기 때문이었다. 매월 다양한 동화책을 학생들이 여러 차례 읽기를 통해 알게 된 후 동화책을 소개하는 활동을 하였다. 제목, 주인공, 좋아하는 문장 말하기, 전체 이야기에 대한 나의 소감 발표하기 등으로 활동을 이어 나갔다.

[말하기(표현하기) 과정 주요 활동 소개]

말하기(표현하기) 과정에서는 그림 동화책, 동영상, 교과서 삽화 등 다양한 매개체를 활용하여 학생의 흥미와 관심을 끌 수 있도록 하였다. 또한 말하기 장면에서 자신의 감정이나 느낌을 상황에 따라 적절히 표현할 수 있도록 감정카드, 그림자료를 수시로 보고 탐색할 수 있도록 준비하였다.

단계	세부활동내용
	Thank 
Thank	‘경험하기-경청하기-말하기’의 단계에서 **감사 표현하기**라는 단계로 넘어오면 감사표현하기와 관련된 활동들을 하게 된다. 학기별, 분기별, 월별로 대상과 장소가 다를 뿐, 감사 표현하는 상황은 이미 만들어져 있었다. 학생들은 그에 적절하게 감사하다, 고맙다, 사랑한다, 친하게 지내자 등과 같은 표현하기에 열중하였다. 또한, 그동안 배움 노트 기록을 통해 받아왔던 왕도장의 개수만큼 학급 내 ○○마트라는 장소를 별도로 마련하여 물건들을 살 수 있는데 이때 중요한 것은 물건의 특성, 가격, 가격선정의 이유를 학생들이 정하고 물건에 대한 정보를 기록하는 일을 하였다는 것이다. 그리고 물건을 살 때 꼭 감사한 마음을 가질 수 있도록 지도하였다. 아이들이 흥미롭게 생각한 부분은 계산기를 놓고 자기가 산 물건의 가격을 계산하는 일이었는데 다음 기회가 주어진다면 물건들의 종류와 공간의 미학적 활용을 좀 더 세밀하게 계획하고 적용해보고자 한다.

[감사 표현하기 과정 주요 활동 소개]

Step 4 교사교육과정 되짚어 보기

2022 개정 교육과정의 통합교과 설계의 개요를 살펴보면 초등 특수학급이 가야 할 길과 상당히 닮아있다.

우리 삶은 과거와 현재와 미래가 개별적으로 존재하는 것이 아니라 무수한 현재가 연속되는 과정이다. '지금'은 우리가 매 순간 실제로 지각하는 시간이며, 미래는 무수한 '지금'으로 이루어지는 시간이다. '여기'는 우리가 지금까지 살아왔고 앞으로 살아갈 공간이다. 그리고 '우리'는 지금 여기서 주체성과 정체성을 형성하며 살아가는 개인과 공동체를 포괄하는 개념이다. 그래서 바른 생활과는 **'지금-여기-우리 삶'**의 문제를 성찰하고 실천하는 **경험** 자체에 중점을 둔다.

- 2022 개정 교육과정 바른생활 교육과정 설계의 개요 중

특수학급에서 우리가 보내는 지금 이 시간, 학교라는 공간 그리고 현재 학생들의 삶과 연결된 배움. 학급 생활이라는 낯선 환경에서 많은 사람들을 만나서 어떻게 슬기롭게 시간을 보내야 할지 천천히 알아가도록 하는 것(내용)과 그러한 과정을 통해 실천하는 것(기능)을 누적해 나가는 모습을 그대로 안내하고자 노력하였다.

개념적 렌즈를 통해 개념을 확인하고 스트랜드를 조직하는 과정을 통해 다양한 측면에서 개념과 내용을 고민할 수 있었다. 그러한 과정에서 생각하지 못했던 내용을 더하게 되었다. 교육과정을 설계한 교사로서 중점을 두고자 했던 부분이 무엇인지 구체화하는 과정을 통해 추상적인 개념도 구체화하였다. 나아가 다양한 내용과 활동으로 맥락이 있는 수업을 설계할 수 있었다.

언제나 시도 혹은 도전의 끝은 기대와 결과를 두고 서로 팽팽하게 겨루는 줄다리기처럼 학생, 학부모, 학교 구성원 등 환경의 영향을 받는 것 같다. 그러므로 수업을 진행하는 과정을 공유하고 피드백을 반영하여 함께 수업을 만들어간다는 마음가짐이 중요하다는 것을 다시 한번 느낄 수 있었던 시간이었다.

03 가정과 함께 알아가는 「변화」: 초등특수학교사례

Step 1 교사교육과정 계획 의도

개념 기반 교육과정은 개념적 이해를 기반으로 학생이 실생활에서 접할 수 있는 어떤 기능을 능숙하게 수행하는 것을 강조한다. 때문에 특수교육 대상 학생에게 더욱 적합한 교수・학습 설계 방법 중 하나가 될 것이다. 개념 기반 교육과정으로 교사교육과정을 설계하기 전 먼저 살펴봐야 할 것이 있다. **"바로 학생이다."**

학습자 특성을 분석하는 것은 매우 중요한 과정이나 소홀하게 다루는 경우를 심심찮게 발견할 수 있다. 학생이 배제된 교육과정, 수업, 평가를 계획하고 실행한다면 교육의 의미를 찾지 못하게 될 것이다. 앞으로 이야기하게 될 교사교육과정에 참여하는 중요한 축인 학생들의 특성은 다음과 같다.

특수학교에 재학 중인 초등학교 2학년 학생 6명으로 수업에 관심을 가지고 교사와 대화하며 적극적으로 참여하는 학생 한 명, 교사의 말을 이해하는 듯 보이나 표현이 없고, 본인이 하고 싶은 것만 하려는 의지가 아주 강한 학생 한 명이 있다. 그리고 자리에 앉아 있지만, 생활과 밀접한 용어의 이해가 어려워 교사가 하는 말을 이해하기 어려운 학생이 2명 있고, 자리 이탈이 빈번하며, 주의 집중 시간이 매우 짧고, 수업에 관심을 보이는 시간이 매우 짧은 학생 두 명으로 구성되어 있다.

대부분의 학생이 수업 참여에 어려움을 보이지만 간단한 설명이나 교사의 시범이 주어진다면 일상생활에서 자주 접하는 일들은 짧은 시간 동안 수행이 가능하다. 이를 반영하여 수업 설계의 방향을 다음과 같이 설정하였다.

첫째, 실생활과 매우 밀접한 주제를 선정하고 연습한다.
둘째, 가정을 포함한 실제 환경에서 활용한다.
셋째, 보호자가 관찰하고 수집한 자료와 면담을 통해 평가한다.

Step 2 개념 기반 교육과정으로 교사교육과정 설계하기

하나, 주제 설정과 스트랜드 조직하기

[주제 설정]

'어떤 지식이 학생의 삶 전체에서 유용한 지식일까?'

교사가 가르치고, 학생들이 배워야 할 지식의 양은 나열하기 어려울 정도로 무수하게 많겠지만 학생의 장애 특성, 교사의 판단 등에 따라 중점을 두는 지식은 달라질 것이다. 모든 환경에서 전반적인 지원이 필요한 아이들에게 우선시되어야 할 개념은 무엇일까?

대부분의 인간은 의식하지 않더라도 경험을 토대로 시간의 흐름, 일의 전·후 변화 등을 인식하며 적절하게 행동한다. 하지만 특수교육 대상 학생의 경우 때로는 타인이 제공하는 필요 이상의 도움으로 변화를 경험할 수 있는 환경에 노출되는 기회가 제한적일 수 있다. 이는 학교뿐만 아니라 가정에서도 마찬가지일 것이다. 이 문제를 해결하기 위해 학교에서는 일이 일어나기 전과 후를 경험할 수 있는 환경을 제공하여 변화된 모습을 확인하고, 가정에서는 학교에서 배운 지식을 활용하여 일을 변화시키는 주체가 되어보는 경험이 이루어져야 할 것이다.

이러한 경험을 제공하고자 교과를 통합하였다. 통합한 교과 및 내용은 기본 교육과정 1~2학년군 수학과의 측정 영역에서 '일의 전・후 변화 모습 관찰'과 통합교과의 바른생활 중 가족 영역에서 '가족을 위해 할 수 있는 일 실천하기'로 선정하였다.

위 내용을 종합하여 주제를 **'가족을 위한 일의 전후 비교'**로 설정하였다.

개념적 렌즈를 통한 개념 확인

개념적 렌즈는 단원의 전체 내용을 관통하는 것으로 큰 개념이라고도 할 수 있다. **개념적 렌즈는 주제로부터 개념을 추출하는 방향을 제시**하며 어떤 **렌즈를 선택**하느냐에 따라 **단원 및 수업의 성격이 달라질 수 있다.**

'가족을 위한 일의 전후 비교'라는 주제에 **'삶', '기능적 활동'**이라는 **개념적 렌즈**를 적용하여 '하루', '청소', '요리', '그림', '만들기'의 개념을 추출하였다.

여기서 **선택한 개념적 렌즈**는 **삶을 유지하고 관리하기 위해 많은 도움을 필요로 하는 학생의 특성을 반영**한 것이다. 또한 조금이라도 스스로 수행할 수 있게 하고 싶은 마음을 담았다고 볼 수 있다.

만약, '여가'라는 개념적 렌즈를 적용했다면, '여행', '운동' 등의 개념이 나올 수 있을 것이며, 가족을 위한 여행에서 해야 할 일, 가족과 함께하는 운동에서 준비해야 할 것들 등으로 내용이 정해지고, 이 내용을 바탕으로 일의 전후 비교를 설계해야 할 것이다.

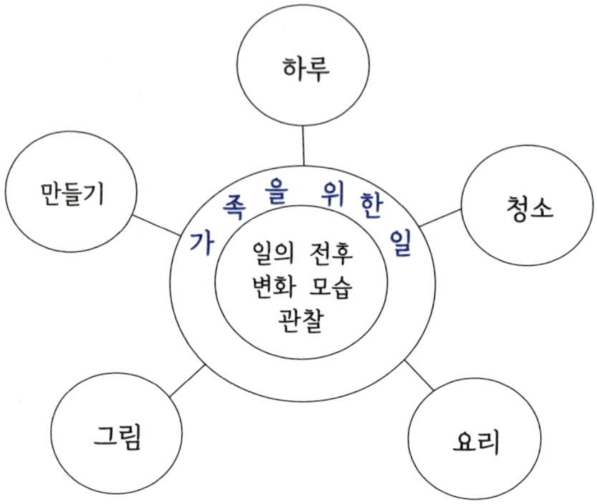

[주제 및 개념 설정하기]

스트랜드 조직하기

'하루', '청소', '요리', '그림', '만들기'를 개념으로 결정한 이후 스트랜드 조직을 위해 각 개념에 대한 내용을 분석하였다.

하루를 구분하는 것은 주제인 가족을 위한 일의 전후 비교와는 직접적으로 연관이 없다. 하지만 누구나 예외 없이 하루를 보내고, 일상을 쉽게 이야기할 수 있기 때문에 시간의 흐름을 인식하고, 일의 전후를 비교하는 데 더없이 좋은 자료가 될 것이라는 판단으로 스트랜드에 포함하였다. 이를 바탕으로 하루를 아침, 점심, 저녁으로 구분하고 본인의 일과를 정리하며 시간의 흐름을 알아보고자 하였다.

그 후 '가족을 위한 일 하기 전후 비교'를 계획하였는데 그 첫 번째가 '청소'이다. 청소는 집안일 중 매일 실시하게 되어 자주 접하게 되는 활동으로 살아가는 데 꼭 필요한 활동이라 말할 수 있다. 이를 위해 먼저 청소가 필요한 상황을 알아본 후 필요한 도구를 찾아 청소하는 방법을 익혀 실제 청소를 한다. 청소 전과 후 사진을 찍고, 전후를 비교하고자 한다. 평가는 수업이 완료된 후 보호자로부터 피드백을 받아 실시하는 것으로 계획하였다.

요리 또한 실생활과 밀접하게 연관되어 있고, 현재와 미래를 살아가는 데 꼭 필요한 활동이다. '요리의 전후 변화 살펴보기'에서는 간단한 요리 재료와 필요한 도구를 알아보고, 요리 방법을 파악하며 음식을 섭취한 후 섭취 전과 후의 상태를 사진을 통해 비교하고자 하였다.

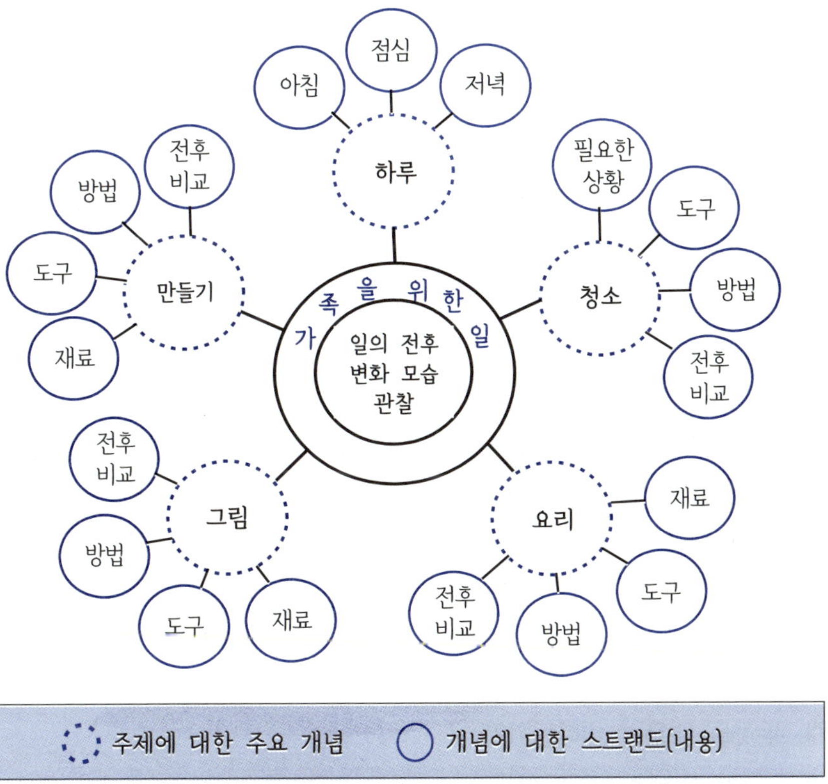

[주제, 개념에 따른 스트랜드 조직하기]

그림 그리기는 학생이 학교생활에서 쉽게 접할 수 있고, 가족을 위한 선물도 가능한 활동이다. 이를 위하여 그리기 재료 및 도구를 알아보고, 그리는 방법을 선택하여 그려본 후 그리기 전과 후를 비교하고자 하였다.

만들기 또한 쉽게 접할 수 있고, 가족을 위한 선물도 가능한 활동이다. 그리기와 마찬가지로 재료 및 도구를 알아보고, 만드는 방법을 선택하여 만들기를 한 후 만들기 전과 후를 비교하고자 하였다.

가족을 위한 일하기 주제 중 '청소', '요리'는 학교에서 실시 후 가정에서도 실시하고, '그림 그리기', '만들기'는 학교에서 실시하여 가족에게 선물할 계획을 세웠다.

둘, 개념 기반 교육과정 설계 한눈에 보기

주제의 주요 개념에 대한 스트랜드를 조직한 후 구체적인 교사교육과정 설계를 위해 **개념 기반 교육과정 설계 템플릿을 활용**하여 '일반화 진술하기'의 과정과 '안내질문(또는 핵심질문) 만들기', '성취기준 분석 및 연결', '평가계획'을 구체화하였다.

1단계. 주제명과 주제가 필요한 이유

주제명은 「가족을 위한 일의 전후 비교」로 설정하였으며, 그 이유는 태어나서 제일 먼저 접하고, 많은 시간을 보내는 곳이 '가정'이며, 이 안에서 이루어지는 '변화'를 아는 것은 세상을 살아가는 데 필요한 기본적인 능력 중 하나이기 때문이다. 비장애인들은 의식하지 않더라도 변화를 감지할 수 있지만 특수교육 대상 학생(특히, 중도・중복 장애학생)에게는 '변화'를 의도적으로 경험하게끔 만들어 줄 필요가 있기 때문이다.

2단계. 무엇을 배우길 원하는가?

주제에 대한 학습의 결과로 학생이 이해하고 깨닫기를 기대하는 내용을 제시한 것으로 다음과 같이 기술하였다.

일반화 진술: 일이 일어나기 전과 후의 모습은 다르다.

3단계. 핵심질문은 무엇인가?

핵심 질문은 일반화를 촉진한다. 따라서 일반화로 진술한 '일이 일어나기 전과 후의 모습은 다르다.'라는 것을 알기 위하여 '가족을 위한 일의 전과 후는 어떻게 달라질까?'라는 질문을 설정하였다.

핵심 질문: 가족을 위한 일의 전과 후는 어떻게 달라질까?

4단계. 배워야 할 지식, 기능, 태도는 무엇인가?

각 개념에 대한 스트랜드와 핵심 질문을 통해 초점화한 학습 방향과 내용을 바탕으로 **'지식', '기능', '태도'로 구체화하여 제시**하였다. 이 과정을 통해 가르치고, 평가할 내용이 좀 더 구체화된다.

5단계. 관련 교과 및 영역, 내용 요소는 무엇인가?

이 단계에서 다루게 되는 개념과 스트랜드가 기본 교육과정 수학과와 통합교과의 어떤 영역, 어떤 내용 요소와 연관되어 있는지를 분석한 결과 초등학교 2학년 수학과의 '측정' 영역과 통합교과 중 바른생활의 '가족' 영역이 관련되어 있었다. 내용 요소로는 수학 교과의 '시간의 흐름 경험하기'와 바른생활의 '가족을 위한 일하기'가 관련이 있는 것으로 판단하였다.

6단계. 관련 성취기준과 성취기준 기반 평가기준은 무엇인가?

내용 요소와 관련된 수학 및 통합교과의 성취기준을 탐색하고 분석한 결과, [2수학03-04], [2바생02-03]이 본 수업의 개념, 스트랜드와 관련이 있는 것으로 확인되었다. 이 과정을 통해 교육과정적 근거를 마련하고 성취기준에 대한 평가 기준을 수립하였다.

7단계. 활동에 대한 평가는 어떻게 할 것인가?

크게 두 가지 기준을 가지고 평가를 계획하였다. 첫 번째는 '일의 전후 변화 구분'과 '하루 시간 구분'이고, 두 번째는 '가족을 위한 일(청소, 요리)하기'와 '일하기 전후 비교'이다. 첫 번째 기준에 대한 평가는 학교에서 학생 활동에 대한 관찰을 통해 평가하는 것으로 계획하였고, 두 번째 기준에 대한 평가는 가정에서 촬영한 학생 활동 영상과 보호자의 의견을 종합하여 평가하는 것으로 계획하였다. 각 기준을 세 개의 수준으로 나누고 학생의 학습 정도에 따라 피드백이 될 수 있게 준비하였다. 각 평가요소별 구체적인 평가 과제는 학습 활동 설계에서 제시하였다.

<table>
<tr><th>단계</th><th>생각 질문</th><th colspan="3">생각 정리</th></tr>
<tr><td rowspan="2">1</td><td rowspan="2">주제가 필요한 이유는 무엇인가?</td><td colspan="3">주제: 일이 일어나기 전과 후의 변화 알기</td></tr>
<tr><td colspan="3">우리는 일상생활에서 시간의 흐름에 따른 변화, 일이 일어나기 전과 후의 변화 등 다양한 변화에 적절하게 반응하며 살아간다. 이러한 변화를 인지하지 못하거나 적절한 반응을 보이지 못할 경우 사회에 통합되는 데 어려움에 직면할 수 있어 변화에 대한 인식은 필수불가결하다. 수학과와 바른생활 과목에서 다루는 일과 관련된 성취기준을 병합하여 변화를 인식하고자 한다.</td></tr>
<tr><td>2</td><td>학생들이 무엇을 배우길 원하는가?</td><td colspan="3">일이 일어나기 전과 후의 모습은 다르다.</td></tr>
<tr><td>3</td><td>배움을 위한 핵심 질문은 무엇인가?</td><td colspan="3">가족을 위한 일의 전과 후는 어떻게 달라지는가?</td></tr>
<tr><td rowspan="3">4</td><td rowspan="3">배워야 할 지식, 기능, 태도는 무엇인가?</td><td>지식</td><td colspan="2">하루 일과 변화, 청소 방법, 조리 방법</td></tr>
<tr><td>기능</td><td colspan="2">청소하기, 간단한 요리하기, 그리기, 만들기</td></tr>
<tr><td>태도</td><td colspan="2">가족에 감사하는 마음 가지기</td></tr>
<tr><td rowspan="2">5</td><td rowspan="2">관련 교과 및 영역, 내용 요소는 무엇인가?</td><td>교과명</td><td>영역</td><td>내용 요소</td></tr>
<tr><td>수학 +
통합교과(바생)</td><td>측정 +
가족</td><td>• 시간의 흐름 경험하기
• 가족을 위한 일하기</td></tr>
</table>

<table>
<tr><td rowspan="8">6</td><td rowspan="8">관련
성취기준과
성취기준
기반
평가기준은
무엇인가?</td><td rowspan="2">성취기준</td><td colspan="4">성취기준 기반 평가</td></tr>
<tr><td>평가
방법</td><td>평가
내용</td><td colspan="2">평가기준</td></tr>
<tr><td>[2수학03-04] 일의 전후에 따라 변화되는 모습을 관찰하여, 시간의 흐름을 경험한다.</td><td rowspan="3">관찰

포트
폴리오</td><td rowspan="3">일의 전후
변화 관찰,
시간의
흐름 경험</td><td>3</td><td>일의 전후에 따라 변화되는 모습을 관찰하고 정확하게 표현하며, 시간의 흐름을 경험할 수 있다.</td></tr>
<tr><td rowspan="2">지식: 일의 전후 변화,
시간의 흐름
기능: 관찰, 경험</td><td>2</td><td>일의 전후에 따라 변화되는 모습을 관찰하고 표현하며, 시간의 흐름을 경험할 수 있다.</td></tr>
<tr><td>1</td><td>일의 전후에 따라 변화되는 모습을 지켜보고 시간의 흐름을 경험할 수 있다.</td></tr>
<tr><td>[2바생02-03] 가족을 위해 할 수 있는 일을 실천한다.</td><td rowspan="3">체크
리스트</td><td rowspan="3">가족을
위한 일
알기,
실천
하기</td><td>3</td><td>가족을 위해 할 수 있는 일이 무엇인지 말하고, 실천할 수 있다.</td></tr>
<tr><td rowspan="2">지식: 가족을 위한 일
기능: 실천</td><td>2</td><td>가족을 위해 할 수 있는 일을 실천할 수 있다.</td></tr>
<tr><td>1</td><td>보호자의 도움을 받아 가족을 위해 할 수 있는 일을 실천할 수 있다.</td></tr>
</table>

<table>
<tr><td rowspan="4">7</td><td rowspan="4">활동에
대한
평가는
어떻게 할
것인가?</td><td rowspan="4">평가
과제에
대한
평가기준</td><td>요소 / 수준</td><td>순서 배열하기</td><td>전·후 비교하기</td></tr>
<tr><td>3</td><td>일의 전후를 순서에 맞게 배열하고 시간을 아침, 점심, 저녁으로 구분할 수 있다.</td><td>가족을 위한 청소와 간단한 요리를 실천하고 실천 전과 후의 변화를 표현할 수 있다.</td></tr>
<tr><td>2</td><td>일의 전후를 순서에 맞게 배열하고 시간의 흐름을 경험할 수 있다.</td><td>가족을 위한 청소와 간단한 요리를 실천할 수 있다.</td></tr>
<tr><td>1</td><td>일의 전후 변화에 관심을 가지고 지켜보며 시간의 흐름을 경험할 수 있다.</td><td>보호자의 도움을 받아 가족을 위한 청소와 요리를 실천할 수 있다.</td></tr>
</table>

셋, 교사교육과정 계획 한눈에 보기

개념을 기반으로 하여 '가족을 위한 일의 전후 비교'에 대한 교육과정을 설계하고, 실제 수업을 위해 구체적인 학습 활동을 설계하였다. 먼저, 단원명, 주요 학습 활동, 수업 자료, 평가 과제를 한눈에 파악할 수 있도록 지도 계획 서식을 만들고 여기에 개념을 세분화하고 성취기준, 평가 기준을 추가하여 세부 계획을 작성하였다.

먼저 **단원명**은 배워야 할 **'개념'**에 **흥미를 유발할 수 있게** '엄마, 아빠! 달라졌어요'로 제시하였다. 이 단원명은 학습자에게 무엇이 달라졌는지 궁금증을 불러일으킬 것이고, 엄마, 아빠를 등장시킴으로써 가족과 함께하게 될 것임을 예측할 수 있도록 하였다.

다음으로 성취기준의 경우 기본 교육과정을 적용받는 학생이었기 때문에 기본 교육과정 수학과와 통합교과의 바른생활과 성취기준을 가져왔다. 수학과 성취기준을 중심에 두고 바른생활과 성취기준을 추가로 배치하였다. 수학과 성취기준은 '[2수학03-04] 일의 전후에 따라 변화되는 모습을 관찰하여, 시간의 흐름을 경험한다.'이며, 바른생활과 성취기준은 '[2바생02-03] 가족을 위해 할 수 있는 일을 실천한다.'이다.

평가계획으로는 주요 개념에서 다루게 되는 내용과 성취기준을 고려하여 각 평가 방법에 대한 평가기준을 수립하고, 실제 평가를 위한 평가과제를 부여하였다. 이후 계획한 평가과제를 주요 학습 활동에 포함하여 수업을 설계하여, 수업을 하고 나면 평가가 되어 있게끔 교육과정과 수업, 평가를 일체화하였다.

학습 활동은 14차시 수업으로 구성하였다. 수업설계할 때 중점을 둔 부분으로는 개념 기반으로 설계한 주제와 스트랜드를 주요 내용으로 하되 수학 교과 '측정' 영역 및 바른생활과 '가족' 영역의 특성과 성취기준의 학습요소를 드러내는 것이었다.

평가과제 중 첫 번째 평가과제인 '하루 변화 비교하기'는 '하루'라는 개념의 평가과제이며, 주제인 '가족을 위한 일의 전후 비교'와 다소 동떨어져 보이지만 시간에 따른 변화, 일의 전후 변화 등 '변화'에 대한 경험을 끄집어낼 수 있어 포함하게 되었다.

수업자료의 경우 학습자의 인지적 측면을 고려하여 학교와 가정에서 쉽게 접할 수 있는 자료를 선정하였으며, 학생의 선호도와 자료 사용 수준을 고려하여 선택할 수 있도록 하였다. 그리기 재료는 펜을 쥐고 색칠하기에 어려움을 보이는 학생의 특성을 반영하여 물감을 톡톡 찍어 표현할 수 있는 재료를 선택할 수 있도록 하였고, 펜을 쥐고 색칠하기가 가능한 학생의 경우 색연필, 사인펜, 마지펜 등을 제시하여 선택하도록 하였다.

단원명	평가과제	주요 학습 활동	차시	수업자료(매개체)
엄마, 아빠! 달라졌어요.	하루 변화 비교하기	• 하루 일과 이야기하기 • 하루 일과 기록하기 • 하루를 시간의 흐름에 따라 나누기	1 2	하루 일과 기록지
	청소 전후 비교하기	• 청소가 필요한 상황 알기 • 청소 도구 찾기 • 청소 방법 확인 후 청소하기 • 청소 전과 후의 모습 비교하기	3 4 5	청소 도구 청소 전후 사진
	가족을 위한 요리 만들고 전후 비교하기	• 가정에서 요리하는 부모님 모습 이야기하기 • 간단한 요리 찾기 • 요리의 재료 및 도구 찾기 • 간단한 요리의 조리방법 알고 요리하기 • 조리된 음식 섭취 전과 후 비교하기	6 7 8	음식 재료 및 도구
	가족을 위한 그림 그리고 전후 비교하기	• 그림 완성품 살펴보기 • 그리기 재료 및 도구 찾기 • 그리는 방법 알고 그리기 • 그리기 전과 후 비교하기	9 10 11	그리기 재료 및 도구
	가족을 위한 만들기 전후 비교하기	• 만들기 완성품 살펴보기 • 만들기 재료 및 도구 찾기 • 만드는 방법 알고 만들기 • 만들기 전과 후 비교하기	12 13 14	만들기 재료 및 도구

[교과 지도계획]

[교과 지도 세부계획]

단원명	개념	기본 교육과정 성취기준	평가 방법	평가기준		평가 과제	주요 학습 활동	차시	수업자료 (매개체)
엄마, 아빠! 달라졌어요.	하루	[2수학03-04] 일의 전후에 따라 변화되는 모습을 관찰하여, 시간의 흐름을 경험한다.	관찰 및 포트폴리오 평가	3	일의 전후에 따라 변화되는 모습을 관찰하고 정확하게 표현하며, 시간의 흐름을 경험할 수 있다.	하루 변화 비교하기	• 하루 일과 이야기하기 • 하루 일과 기록하기 • 하루를 시간의 흐름에 따라 나누기	1	하루 일과 기록지
				2	일의 전후에 따라 변화되는 모습을 관찰하고 표현하며, 시간의 흐름을 경험할 수 있다.			2	
				1	일의 전후에 따라 변화되는 모습을 지켜보고 시간의 흐름을 경험할 수 있다.				
	청소	[2수학03-04] 일의 전후에 따라 변화되는 모습을 관찰하여, 시간의 흐름을 경험한다.	실기 실습 평가 체크리스트	3	청소가 필요한 곳을 알고 청소 도구를 찾아 스스로 청소하며, 청소 전후를 비교할 수 있다.	청소 전후 비교하기	• 청소가 필요한 상황 알기 • 청소 도구 찾기 • 청소 방법 확인 후 청소하기 • 청소 전과 후의 모습 비교하기	3	청소 도구 청소 전후 사진
				2	필요한 청소 도구를 찾아 스스로 청소할 수 있다.			4	
				1	도움을 받아 청소 도구를 찾고 청소할 수 있다.			5	
	요리			3	요리 재료와 도구를 찾아 스스로 간단한 요리를 하고, 식사 전후를 비교할 수 있다.	가족을 위한 요리 만들고 전후 비교하기	• 가정에서 요리하는 부모님 모습 이야기하기 • 간단한 요리 찾기 • 요리의 재료 및 도구 찾기 • 간단한 요리의 조리방법 알고 요리하기 • 조리된 음식 섭취 전과 후 비교하기	6	컵라면, 전기 주전자
				2	필요한 요리 재료와 도구를 찾아 스스로 간단한 요리를 할 수 있다.			7	
				1	도움을 받아 간단한 음식을 조리할 수 있다.			8	
	그림	[2바생02-03] 가족을 위해 할 수 있는 일을 실천한다.	실기 실습 평가 체크리스트	3	그리기 재료와 도구를 찾아 스스로 그림을 그리고, 그리기 전후를 비교할 수 있다.	가족을 위한 그림 그리고 전후 비교하기	• 그림 완성품 살펴보기 • 그리기 재료 및 도구 찾기 • 그리는 방법 알고 그리기 • 그리기 전과 후 비교하기	9	그리기 재료 및 도구
				2	필요한 그리기 재료와 도구를 찾아 스스로 가족에게 선물할 그림을 그릴 수 있다.			10	
				1	도움을 받아 가족에게 줄 선물을 그릴 수 있다.			11	
	만들기			3	만들기 재료와 도구를 찾아 스스로 만들고, 완성 전후를 비교할 수 있다.	가족을 위한 만들기 전후 비교하기	• 만들기 완성품 살펴보기 • 만들기 재료 및 도구 찾기 • 만드는 방법 알고 만들기 • 만들기 전과 후 비교하기	12	만들기 재료 및 도구
				2	만들기 재료와 도구를 찾고, 가족에게 선물할 물건을 만들 수 있다.			13	
				1	도움을 받아 가족에게 줄 선물을 만들 수 있다.			14	

Step 3 교사교육과정 실행하기

본 교사교육과정은 수학과의 '일의 전·후 변화 모습 관찰'이란 주제와 통합교과의 '가족을 위해 할 수 있는 일 실천하기' 주제를 통합하여 **'가족을 위한 일의 전후 비교'**라는 **주제**를 가지고 '엄마, 아빠! 달라졌어요'란 단원을 설계하였다. 먼저 '하루'라는 개념에 대한 실행을 살펴보고자 한다.

▸ 제재(개념): 하루

차시	주요 학습 활동	평가과제	수업자료(매개체)
1~2	• 하루 일과 이야기하기 • 하루 일과 기록하기 • 하루를 시간의 흐름에 따라 나누기	하루 변화 비교하기	하루 일과 기록지

이 차시는 시간의 흐름과 일의 전후를 알아보기 위해 선정된 수학과만의 성취기준에 부합하는 개념을 형성하는 차시이다. 먼저 학생들은 자신에게 있었던 하루의 일과를 표현한다. 말하기를 주저하는 학생에게는 중간에 도움을 주어 이야기하도록 하고, 말하지 못하는 학생에게는 사진 및 그림 자료를 제공하여 하루 일과에 맞는 순서대로 배열하도록 하였다.

다음 활동으로는 하루 일과를 기록하도록 하였다. 문장 쓰기가 유창하지 못한 학생의 경우는 단어 쓰기 또는 단어 카드를 배열하게 하고, 이마저도 어려움을 보이는 학생에게는 사진 또는 그림 카드를 제공하여 배열하도록 하였다.

하루를 시간의 흐름에 따라 나누기 활동은 오전, 오후 또는 아침, 점심, 저녁으로 나눌 수 있다. 이보다 세분화할 수 있지만 식사를 하는 아침, 점심, 저녁으로 구분하여 제시하였고,

이전 활동에서 만들어진 하루 일과 기록지에 아침, 점심, 저녁으로 구분하도록 하였다.

▶ 제재(개념): 청소

차시	주요 학습 활동	평가과제	수업자료(매개체)
3~5	• 청소가 필요한 상황 알기 • 청소 도구 찾기 • 청소 방법 확인 후 청소하기 • 청소 전과 후의 모습 비교하기	청소 전후 비교하기	청소 도구 청소 전후 사진

이 차시는 청소에 적합한 도구를 찾아 청소하고, 청소하기 전과 후를 비교하는 개념을 형성하는 차시이다. 교실에서 청소를 실시한 후 가정에서 재차 경험하도록 설계하였으며, 가정에서 진행된 활동은 피드백 받았다.

먼저, 더러운 장소와 깨끗한 장소를 비교함으로써 직관적인 비교가 가능하도록 하였다. 더러운 환경에서 생활을 할 경우 각종 병균에 노출될 수 있고, 병에 걸려 학생 및 가족 구성원 모두가 힘들어질 수 있음을 안내하였다.

교실에서 사용하는 청소 도구를 보여주고 각각의 청소 도구가 어느 곳을 청소할 때 사용되는지 안내하고, 사용 방법에 맞게 쓸거나 닦는 활동을 진행하였다. 교실에서 청소가 필요한 환경을 만든 후 학생이 스스로 청소 도구를 선택하여 청소하도록 하였다.

다음으로 가정과 연계하여 자녀들이 학교에서 익힌 청소를 집에서도 할 수 있도록 하고, 청소를 시작하기 전과 후의 모습을 촬영하여 자녀와 함께 이야기해 줄 것을 요구하였다. 청소는 삶을 살아가는 데 꼭 필요한 활동임에도 불구하고 가정에서는 자녀에게 잘 요구하지 않는 활동이다. 아마도 아이들의 청소 결과가 부모들이 기대하는 만큼 깨끗하지 않기 때문일 것이다. 그러나 자주 시도하여 아이들의 청소 수준이 점차 향상되는 것은 학부모와 학생 모두에게 도움이 되는 것임을 안내하며, 자녀의 청소 실력이 어설프더라도 가정에서 자주 지도해 줄 것을 요구하였다.

청소 도구 찾기

청소하기

청소 전과 후 모습 비교하기

청소하기(가정 연계)

[청소 전후 비교 사진]

▸ 제재(개념): 요리

차시	주요 학습 활동	평가과제	수업자료 (매개체)
6~8	• 가정에서 요리하는 부모님 모습 이야기하기 • 간단한 요리 찾기 • 요리의 재료 및 도구 찾기 • 간단한 요리의 조리방법 알고 요리하기 • 조리된 음식 섭취 전과 후 비교하기	가족을 위한 요리 만들고 전후 비교하기	컵라면, 전기 주전자

이 차시는 초등학교 2학년 학생이 할 수 있는 간단한 요리를 찾고, 필요한 재료와 도구를 찾아본 후, 조리 방법에 적합하게 음식을 만들고, 섭취 전과 후를 비교하는 개념을 형성하는 차시이다. 학교뿐만 아니라 가정에서 재차 경험하도록 설계하였으며, 가정에서 진행된 활동은 피드백을 받았다.

먼저, 학생들이 가장 손쉽게 할 수 있는 요리를 선정하기 위해 초등학교 저학년이라는 점과 장애 정도를 고려하여 '컵라면 조리하기'로 결정하였다. 컵라면은 학생들이 좋아하는 음식이면서도 다른 음식에 비하여 상대적으로 쉽게 조리할 수 있기 때문이다.

요리에 관한 경험을 떠올리기 위해 가정에서 요리하는 부모님의 모습을 생각하고 이야기해보는 활동을 했다. 다음으로 재료(컵라면)와 필요한 도구(전기 주전자, 젓가락)를 알아본 후, 가지고 있는 컵라면의 익는 시간이 몇 분인지 찾아보는 활동을 하였다. 컵라면 섭취 후 먹기 전과 후를 비교하였다.

[컵라면 조리방법 알기]

[가정에 제공된 컵라면]

수업에 대한 참여도를 높이기 위하여 컵라면 뚜껑 부분에 학생의 사진을 넣고, 라면의 이름인 '○○면', '○○짜장'에 학생의 이름을 넣었다. 컵라면 옆 부분에 표기된 조리 방법은 글자 크기가 작아서 잘 보이지 않기 때문에 중요한 부분만 발췌하여 컵라면 뚜껑에 표기하였다.

수업이 완료된 후 컵라면을 가정으로 보내 부모님께 요리를 대접하도록 했으며, 모든 과정을 학생 스스로 할 수 있도록 안내하였다. 다만, 학생의 전기 주전자 사용은 화상의 위험이 있어 부모님의 도움이 필요하다고 안내하였다. 요리를 대접받은 부모님께 자녀를 칭찬하는 사진을 촬영해달라고 요청하였고, 학교에서는 이 사진을 받아 음식 대접하기 전후의 부모님 모습을 비교하였다.

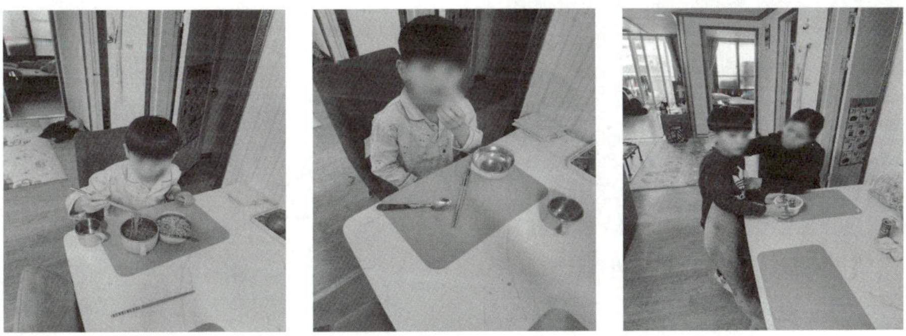

[컵라면 섭취 전후 비교-가정 연계]

▸ 제재(개념): 그림

차시	주요 학습 활동	평가과제	수업자료(매개체)
9~11	• 그림 완성품 살펴보기 • 그리기 재료 및 도구 찾기 • 그리는 방법 알고 그리기 • 그리기 전과 후 비교하기	가족을 위한 그림 그리고 전후 비교하기	그리기 재료 및 도구

이 차시는 자신에게 적합한 그리기 재료와 도구를 찾아본 후, 도구에 적합한 방법으로 그림을 그리고, 그리기 전과 후를 비교하는 개념을 형성하는 차시이다. 학교에서 그린 그림을 가족에게 선물하고, 선물하기 전과 후를 비교하는 활동으로 설계하였다. 색칠이 되지 않은 그림을 받으면 어떻게 활동을 해야 할지 모르는 학생이 많아 먼저 완성품을 보여준

후 자신이 선호하는 색칠 도구를 선택하도록 하였다. 각자가 선택한 색칠 도구(사인펜, 마지펜, 색연필, 에그톡톡)에 따라 사용 방법을 익힌 후 그림을 색칠하도록 하였다. 그 후 사진을 보면서 그림 완성하기 전후를 비교하였다.

[가족을 위한 그림 그리기]

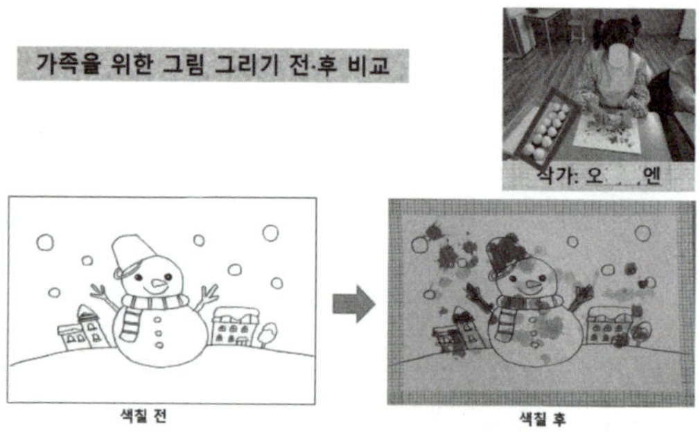

[그리기 전후 비교]

학교에서 완성한 그림을 가족에게 선물하도록 하였고, 이를 받은 부모님은 어떤 표정을 지을지, 어떤 행동을 보이실지 상상하는 시간을 가졌다.

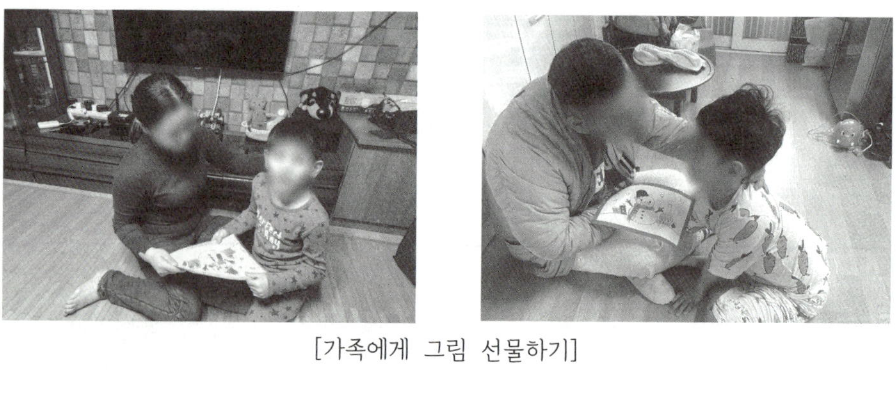

[가족에게 그림 선물하기]

부모님께는 자녀로부터 그림을 받을 때의 모습을 촬영하여 담임 교사에게 전달해달라고 요청하였고, 그 당시 자녀에게 어떤 말을 해주었는지, 어떤 행동을 보였는지 이야기를 들을 수 있었다. 부모로부터 받은 사진을 가지고 학교에서는 가족에게 그림을 선물하기 전과 후를 비교하여 이야기하였다.

▶ 제재(개념): 만들기

차시	주요 학습 활동	평가과제	수업자료 (매개체)
12~14	• 만들기 완성품 살펴보기 • 만들기 재료 및 도구 찾기 • 만드는 방법 알고 만들기 • 만들기 전과 후 비교하기	가족을 위한 만들기 전후 비교하기	만들기 재료 및 도구

이 차시는 카드 만들기에 필요한 재료 및 도구를 찾고, 절차에 따라 카드를 만들며 카드 만들기 전후를 비교하는 개념을 형성하는 차시이다. 학교에서 만든 카드를 가족에게 선물하고, 선물하기 전과 후를 비교하는 활동으로 설계하였다.

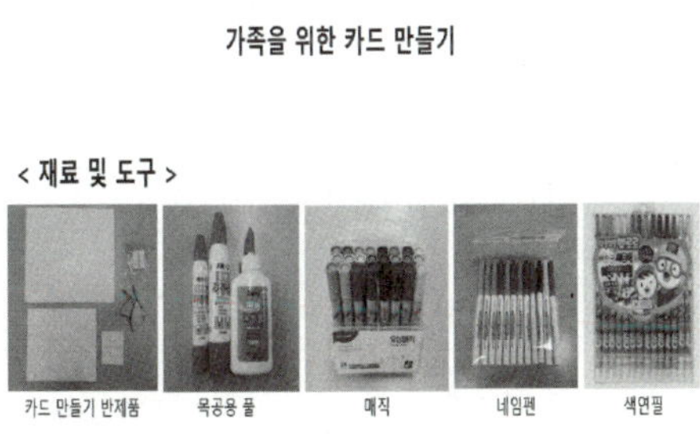

[재료 및 도구 찾기]

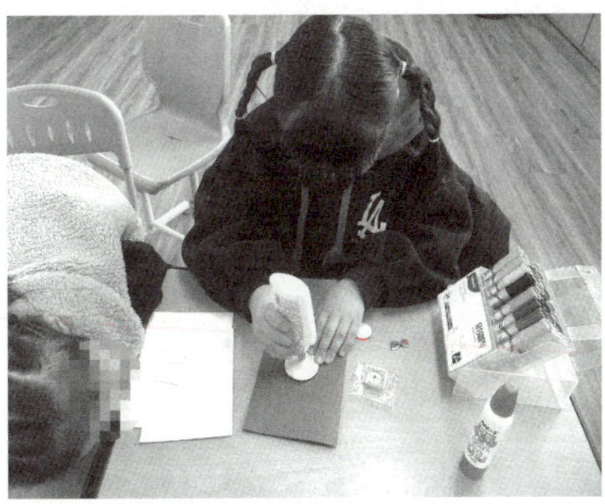

[카드 만들기]

먼저, 카드 완성품 사진을 학생들에게 보여준 후 다양한 카드 중에서 만들고 싶은 카드 재료를 선택하게 하였고, 이후 만들기에 필요한 선호하는 도구를 선택하도록 하였다. 목공풀을 사용하여 나뭇가지를 붙이는 활동은 교사의 도움을 제공하였다.

[카드 만들기]

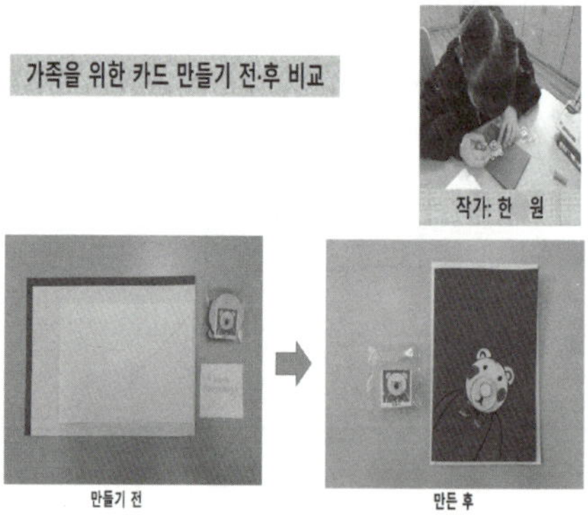

[카드 만들기 전후 비교]

각자가 선택한 도구를 가지고 스스로 색칠하도록 하였지만, 도움이 필요한 학생에게는 최소한의 도움을 제공하였다. 카드를 완성하기 전후 사진을 가지고 변화를 파악하는 활동을 진행했으며, 완성된 카드는 가정으로 보내 부모님께 선물하도록 하였다. 이 또한 마찬가지로 부모님의 피드백을 받아 평가에 참고하였다.

Step 4 교사교육과정 되짚어 보기

시대의 변화가 빠르지 않았던 과거에는 알게 된 지식을 수년 혹은 수십 년 동안 활용할 수 있었지만 지식의 가치가 빠르게 변하는 오늘날에는 배워야 할 지식의 양이 폭발적으로 증가하고 있다.

개념 기반 교육과정은 이러한 시대적 특징에 따른 지식의 효용성 단축을 고려하고 있다. 많은 양의 개별적 지식을 학습하기보다는 개념을 습득하게 하고 이를 확장하여 삶에 활용할 수 있도록 하고 있다. 그래서 우리 특수교육 대상 학생에게 더욱 효과적이라고 볼 수 있을 것이다.

이를 고려하여 개념 기반으로 교사교육과정을 설계하고 운영하게 되었다. 특수교육 대상 학생들이 삶을 살아가는 데 필요한 지식은 무수하게 많겠지만 '하루', '청소', '요리', '그리기', '만들기'의 **개념**을 가지고 '변화(일의 전후 비교)'라는 **주제**를 다루고자 했다.

위에서 언급한 개념들은 학교뿐만 아니라 가정에서도 이루어지는 것이기 때문에 가정과 연계하여 지도하기로 하였다. 따라서 가정의 협조가 무엇보다 중요했다. 학부모의 이해를 돕기 위한 '학급 통신'을 만들어 가정으로 보냈고, 좀 더 상세하게 안내하기 위해 개별 전화로 안내하였다. 그러나 가정에서 실시한 후 보내주시는 사진 자료가 교사의 의도와는 조금 차이가 있었다. 다시 연락하여 어떤 개념을 배우고 있는지, 어떻게 도와줘야 하는지 설명하는 등 학부모의 역할을 명확하게 전달하여 점차 교사의 의도와 일치하는 피드백을 받았다.

특수교육에서 가정과의 연계는 필수적이라 할 수 있을 것이다. 반 아이들을 위해서 학부모와 좀 더 소통하고 함께 공유하는 노력이 필요함을 다시 한번 깨닫게 되었다.

제 3 장

공동수업 기획으로 개별 맞춤형 교사교육과정 실천하기

장애가 심한 학생에게
프로젝트 수업 적용은
어렵게만 느껴져요.
주제 중심 릴레이 수업
설계로 가볍게 시작하여
개념 기반 프로젝트
수업으로 확장해보세요.

01 장애가 심한 학생을 위한 「쌀벤져스」 프로젝트 : 특수학교(중학)사례

Step 1 프로젝트 수업설계 의도

프로젝트 수업을 설계할 때 가장 먼저 고려해야 하는 것은 학교 및 학생의 특성이다. 학교의 특성에 따라 가용할 수 있는 인적 물적 자원이 달라지고, 학생의 특성에 따라 교육과정, 수업, 평가의 계획과 실행을 위한 교육 내용이 달라지기 때문이다. 학교 및 학생의 특성은 프로젝트 수업의 방법적・내용적 측면에 큰 영향을 미치는 변인이다.

앞으로 이야기할 프로젝트 수업에 참여한 학생들은 특수학교에 재학 중인 중학교 1학년 학생 19명이다. 특수학교의 특성상 학생들의 장애 정도는 매우 심하고 두 개 이상의 장애를 가지고 있는 중도・중복장애 비율이 높다. 따라서 학생들의 장애 특성에 맞춘 활동 중심의 프로젝트를 교과 진로와 직업 및 자유학기제 진로탐색 활동 시간에 적용하였다.

교육과정을 담당하고 있는 업무 담당자로서 현재 가장 핫한 교육과정 키워드로 와닿는 것이 무엇일지 자문해 보면 <생태환경교육>과 <디지털 리터러시교육>이라고 할 수 있을 것이다. 학교에서는 지속 가능한 미래를 위해 환경에 대한 올바른 가치관을 형성하고 친환경 생활 실천을 유도하는 <그린 학교>, <환경 교육주간>, <학교 텃밭: 스쿨팜> 등 다양한 생태환경교육이 이루어지고 있다. 지구라는 공간 안에서 과거에도 살았고, 현재에도 살고 있고, 미래에도 살아갈 우리 장애 학생들에게도 생태감수성을 기르는 일은 중요한 과업 중 하나이다. 그러나 <생태환경교육>이라는 것이 생활 속에서 직접적으로 와닿기보다는 보다 추상적이고, 현재 내 행동이 당장 결과로 보이기보다는 시간적 차이를 두고 차츰 결과로 보이는 부분이다 보니 장애 학생들에게 쉽게 이해시키기 힘든 영역이다.

현재를 살아가는 장애 학생들에게 정말 필요한 교육이지만, 추상적이고 직관적이지 않아 쉽게 이해시킬 수 없는 딜레마

이러한 부분이 특수교육을 하면서 특히 어려운 부분이 아닐까 싶다. 추상적이고 직관적이지 않아 쉽게 이해시킬 수 없는 것은 물론, 이해시킬 수 없다 보니 아이들은 지루해하고 학습에 대한 흥미도 잃게 된다. 보다 직관적이고 쉽게, 각자의 삶에 와닿게 <생태환경교육>을 할 수는 없을까? 이러한 고민에서 프로젝트 설계가 시작되었다.

우리 아이들의 삶에서 반복되면서 중요하고, 또 아이들이 좋아하는 것. 바로 식사. 13년간의 교사 생활 동안 수업 시간이 싫어 도전행동을 보인 아이들은 수없이 많이 보아왔지만 점심시간이 싫어 도전행동을 보인 아이들은 거의 없었다.
(물론 1퍼센트 정도는 점심시간을 싫어하는 아이들도 있었다.)

수업하기 싫어하는 아이들에게 했던 멘트들 중에 가장 많은 비중을 차지하는 것이
"이거 열심히 하고 나면 점심시간이야. 밥 먹으러 내려가자."
"이거 하면 점심 반찬 메뉴 하나 더 줄게."(꼬시기)
"이거 지금 빨리 안 하면 점심 먹으러 내려가는 시간 늦어진다."(협박하기)
등 밥과 관련된 멘트들이었다.

<생태환경교육>을 <식량위기대응> 측면에서 <밥>(혹은 쌀)과 연관 지어 **아이들의 삶 속에서 직관적으로 쉽게 와닿게 가르쳐보자! <쌀벤져스> 프로젝트는 이렇게 시작되었다.**

Step 2 프로젝트 수업 기획하기

하나, 프로젝트 수업 한눈에 보기

<table>
<tr><th>배움</th><th colspan="2">활동 주제</th><th>활동 및 내용</th><th colspan="2">교과(시수)</th></tr>
<tr><td rowspan="6">식량
위기
대응</td><td></td><td>열기</td><td>♣ 「쌀벤져스」 프로젝트 안내
• 쌀벤져스 프로젝트 열기(프로젝트 소개)
• 역할 설정하기(할핀 캐릭터 인형 만들기)
- 캡틴라이스 - 쌀크 - 라이스맨
- 씰도르 탈곡스 - 블래라이스
⇨ 미션 확인: 쌀을 지켜라!</td><td>직업 1</td><td>1</td></tr>
<tr><td>탐색
하기</td><td>벼의
변신</td><td>♣ 그림책 「모모모모모」 읽기
• 그림을 보고 벼의 성장 과정을 의성어/의태어로 추측 · 표현하기
• 벼의 수확 과정 알기
♣ 도정 전/후 쌀 관찰하기
• 현미, 쌀을 이용하여 다양한 그림 그리기
• 현미, 쌀을 이용하여 악기 만들기
♣ 직업 '농부' 알기
• 농부 역할 놀이하기(노래: 나는 부지런한 농부)
• 현미, 쌀을 이용하여 만든 악기 연주하기</td><td>직업 1
직업 2
직업 1</td><td>4</td></tr>
<tr><td>구성
하기</td><td>맛있는
쌀</td><td>♣ 식단표에 나오는 쌀 조사하기
• 식단표에 등장하는 다양한 쌀밥 종류 알아보고, 모의 식판 꾸미기 활동하기(5일치)
♣ 다양한 종류의 쌀밥 비교하기
• 다양한 종류의 햇반으로 밥 짓기
• 다양한 종류의 쌀밥 맛 비교하기
♣ '쌀 베이킹' 전문가 체험하기
• 딸기 백설기 만들기</td><td>직업 1
직업 1
직업 1</td><td>3</td></tr>
<tr><td>설명
하기</td><td>쌀아!
지켜줄게</td><td>♣ 기후변화가 쌀에 미치는 영향 알아보기
• 쌀이 없는 밥상 차리기
♣ 식량 위기 세계지도 그리기
♣ 쌀을 지키는 방법 알아보기
• 쌀 소비 증진, 자연보호 등 방법 알고 실천하기</td><td>직업 1
직업 1
직업 1</td><td>3</td></tr>
<tr><td>행동
하기</td><td>결과
발표하기</td><td>♣ 쌀 소비 캠페인 계획 및 실천하기
• 쌀음식 경연대회 열기(쌀떡볶이, 쌀피자, 쌀빵)
• 가정 연계: 우리 집 밥상 자랑하기</td><td>직업 1</td><td>1</td></tr>
<tr><td></td><td>닫기</td><td>♣ 성찰하기
• 「쌀벤져스」 프로젝트에 참여한 소감 발표하기
• 쌀의 소중함 그림으로 그리기</td><td>직업 1</td><td>1</td></tr>
<tr><td colspan="4">계</td><td colspan="2">13</td></tr>
</table>

쌀벤져스 프로젝트 수업은 <식량위기대응>이라는 배움을 중심으로,
<열기-탐색하기-구성하기-설명하기-행동하기-닫기> 총 6단계로 구성된다.

<열기>는 쌀벤져스 프로젝트를 안내하는 단계이다. 우리는 쌀을 지키기 위한 <쌀벤져스>가 될 것임을 설명하고 각자 원하는 역할을 정해 자기 역할에 맞는 할핀 캐릭터 인형 DIY를 선택하여 제작한다. 쌀벤져스의 미션은 쌀을 지켜라!임을 확인하며 마무리한다.

<탐색하기>는 벼의 변신을 알아보는 단계이다. 그림책 「모모모모모」를 읽고 도정 전/후의 쌀을 관찰하며 농부라는 직업에 대해 알아본다.

<구성하기>는 맛있는 쌀을 탐색하는 단계이다. 식단표에 나오는 쌀을 조사하고 다양한 종류의 쌀밥을 지어보며 쌀밥의 맛과 모양을 비교한다. 또한 딸기 백설기를 만드는 '쌀베이킹' 전문가 체험을 통해 쌀로 다양한 음식을 만들 수 있다는 것을 안다.

<설명하기>는 식량 위기의 심각성을 깨닫고, 쌀을 지키기 위한 방법과 실천을 설명하는 단계이다. 다양한 활동을 통해 쌀을 지키기 위한 방법을 알아보며 이를 실천하기 위한 다짐을 이야기한다.

<행동하기>는 쌀 소비 캠페인을 계획하고 실천하는 단계이다. 쌀 음식 경연 대회를 열고, 가정과 연계하여 쌀을 소비하는 우리 집 밥상을 자랑한다.

<닫기>는 쌀벤져스 프로젝트를 성찰하는 단계이다. 프로젝트에 참여한 소감을 발표하고 쌀의 소중함을 그림으로 그리며 프로젝트를 마무리한다.

둘, 평가계획 수립하기

<table>
<tr><th rowspan="2">주제</th><th rowspan="2">교과</th><th rowspan="2">성취 기준</th><th colspan="4">성취기준 기반 평가</th><th rowspan="2" colspan="4">프로젝트 활동 평가(개념 기반)</th></tr>
<tr><th>방법</th><th colspan="3">평가기준</th></tr>
<tr><td rowspan="6">열기
쌀벤져스 결성!</td><td rowspan="6">직업
(1)</td><td rowspan="6">[9진로01-05-01]
쌀벤져스에서 자신이 해야 할 역할과 책임을 알고 실천한다.</td><td rowspan="6">포트폴리오 평가</td><td rowspan="3">표현하기</td><td>3</td><td>쌀벤져스 캐릭터와 역할을 선택하고, 이유를 이야기할 수 있다.</td><td rowspan="6" colspan="4">프로젝트 활동 참여도 및 역할 수행에 대한 관찰평가</td></tr>
<tr><td>2</td><td>쌀벤져스 캐릭터와 역할을 선택할 수 있다.</td></tr>
<tr><td>1</td><td>쌀벤져스 캐릭터를 선택할 수 있다.</td></tr>
<tr><td rowspan="3">수행하기</td><td>3</td><td>선택한 캐릭터에 맞는 역할을 수행할 수 있다.</td></tr>
<tr><td>2</td><td>선택한 캐릭터에 맞는 역할을 구체적인 지시에 따라 수행할 수 있다.</td></tr>
<tr><td>1</td><td>선택한 캐릭터의 역할을 모방하여 수행할 수 있다.</td></tr>
<tr><td rowspan="7">탐색하기
벼의 변신</td><td rowspan="7">직업
(1)</td><td rowspan="4">[9국어01-05-01]
벼의 성장과정을 의성어/의태어로 적절하게 표현한다.</td><td rowspan="7">구술 평가</td><td rowspan="4">표현하기</td><td>3</td><td>벼의 성장과정을 의성어/의태어로 표현할 수 있다.</td><td>일반화 내용</td><td colspan="3">벼가 자라서 쌀이 된다.</td></tr>
<tr><td rowspan="2">2</td><td rowspan="2">벼의 성장과정을 의성어/의태어로 따라 말할 수 있다.</td><td>핵심질문</td><td colspan="3">벼는 어떤 과정을 거쳐 쌀이 되는가?</td></tr>
<tr><td>개념적 렌즈</td><td colspan="3">벼가 쌀이 되는 과정의 이해</td></tr>
<tr><td>1</td><td>벼의 성장과정을 의성어/의태어로 말하는 것을 관심 있게 들을 수 있다.</td><td>핵심기능</td><td colspan="3">벼, 현미, 쌀 차이점 탐색하기</td></tr>
<tr><td rowspan="3">[9국어01-03-01]
그림을 보고 벼의 성장과정을 구성하여 말한다.</td><td rowspan="3">추측하기</td><td>3</td><td>그림을 보고 벼의 성장과정을 추측하여 이야기할 수 있다.</td><td>평가방법</td><td colspan="3">관찰평가, 보고서평가</td></tr>
<tr><td>2</td><td>그림을 보고 벼의 성장과정을 추측할 수 있다.</td><td rowspan="2">평가기준</td><td>요소
수준</td><td>벼가 쌀이 되는 과정</td><td>벼, 현미, 쌀 차이점 탐색하기</td></tr>
<tr><td>1</td><td>도움을 받아 벼의 성장과정 그림을 순서대로 나열할 수 있다.</td><td>3</td><td>벼가 쌀이 되는 과정을 알고 기록할 수 있다.</td><td>벼, 현미, 쌀을 탐색하고 차이점을 구체적으로 설명할 수 있다.</td></tr>
</table>

주제	교과	성취기준	성취기준 기반 평가				프로젝트 활동 평가(개념 기반)			
			방법	평가기준						
	직업 (2)	[9미술02-02-01] **쌀을** 관찰하고 특징을 살려 다양한 방법으로 표현한다. [9미술01-06-01] **쌀을 활용하여 마라카스를** 제작한다.	작품 평가	표현하기	3	현미, 쌀을 이용하여 다양한 그림을 그릴 수 있다.				
					2	현미, 쌀을 이용하여 그림을 그릴 수 있다.				
					1	현미, 쌀을 탐색하고, 도화지 위에 뿌릴 수 있다.		2	벼가 쌀이 되는 과정을 알고 그림으로 표현할 수 있다.	벼, 현미, 쌀을 탐색하고 차이점을 핵심단어로 설명할 수 있다.
				제작하기	3	현미, 쌀을 이용하여 마라카스를 만들 수 있다.				
					2	도움을 받아 현미, 쌀을 이용하여 마라카스를 만들 수 있다.				
					1	도움을 받아 플라스틱 통에 현미, 쌀을 넣을 수 있다.		1	벼가 쌀이 되는 과정을 알고 사진으로 나열할 수 있다.	교사나 친구의 설명을 듣고 벼, 현미, 쌀의 사진을 가리킬 수 있다.
	직업 (1)	[9진로02-04-01] 지역사회에서 접할 수 있는 **농업** 직종을 탐색한다.	관찰 평가	역할놀이	3	농부 역할놀이를 하며 노래(나는 부지런한 농부)에 맞추어 마라카스를 연주할 수 있다.				
					2	농부 역할놀이를 하며 마라카스를 흔들 수 있다.				
					1	노래(나는 부지런한 농부)에 맞추어 마라카스를 흔들 수 있다.				
구성하기 맛있는 쌀	직업 (1)	[9사회03-02-01] **식단표를 보고 밥 종류를** 조사한다.	보고서 평가	조사하기	3	식단표를 보고 모의 식판 꾸미기 활동을 하며 밥 종류를 조사할 수 있다.	일반화 내용	쌀은 우리의 주식이다.		
					2	모의 식판 꾸미기 활동을 하며 밥 종류를 알 수 있다.	핵심질문	쌀은 우리의 식생활에 어떤 영향을 줄까?		
							개념적 렌즈	쌀로 만든 음식		
					1	도움을 받아 모의 식판 꾸미기 활동을 할 수 있다.	핵심기능	쌀이 식생활에 미치는 영향		

주제	교과	성취기준	방법		수준	평가기준
설명하기 쌀아 지켜 줄게	직업 (1)	[9진로03-02-01] 신체와 도구를 활용하여 **밥 짓기** 작업을 수행한다.	실기 실습 평가	조리하기	3	다양한 종류의 햇반으로 밥을 짓고 맛을 비교할 수 있다.
					2	다양한 종류의 햇반으로 밥을 짓고 맛을 볼 수 있다.
					1	도움을 받아 다양한 종류의 햇반으로 밥을 짓고 맛을 보는 데 관심을 가질 수 있다.
	직업 (1)	[9진로03-02-01] 신체와 도구를 활용하여 **딸기 백설기 만들기** 작업을 수행한다.		조리하기	3	조리기구 사용 방법을 익혀 딸기 백설기를 만들 수 있다.
					2	언어적 촉진을 받아 조리 기구를 사용하여 딸기 백설기를 만들 수 있다.
					1	친구와 협력하여 딸기 백설기에 필요한 가루를 담을 수 있다.
	직업 (1)	[9진로03-02-01] 신체와 도구를 활용하여 **쌀이 없는 밥상 차리기** 작업을 수행한다.	실기 평가	탐색하기	3	기후 변화가 쌀에 미치는 영향을 알고, 쌀이 없는 밥상을 차릴 수 있다.
					2	기후 변화가 쌀에 미치는 영향 동영상을 시청하고, 쌀이 없는 밥상을 차릴 수 있다.
					1	기후 변화가 쌀에 미치는 영향 동영상을 관심 있게 시청할 수 있다.
	직업 (1)	[9미술02-01-01] **식량위기 지도**의 특징을 살려 표현한다.	관찰 평가	조사하기	3	식량위기 지도를 완성하고 내용을 설명할 수 있다.
					2	식량위기 지도를 채색하여 그 변화를 알 수 있다.
					1	식량위기 지도 그림퍼즐을 맞출 수 있다.

프로젝트 활동 평가(개념 기반)

항목	요소/수준		
평가방법	구술평가, 포트폴리오평가		
	요소 \ 수준	**쌀로 만든 음식 종류**	**쌀이 생활에 미치는 영향**
	3	쌀로 만들 수 있는 음식 종류를 정확하게 알고 말할 수 있다.	쌀이 식생활에 미치는 영향을 구체적으로 설명할 수 있다.
	2	쌀로 만들 수 있는 음식 종류를 알고 있다.	쌀이 식생활에 미치는 영향을 듣고 쌀의 소중함을 표현할 수 있다.
	1	교사나 친구의 도움을 받아 쌀로 만들 수 있는 음식 종류를 선택할 수 있다.	쌀로 만든 음식을 먹고 소중함을 느낄 수 있다.
일반화 내용	기후 변화는 식량 위기를 발생시킨다.		
핵심질문	쌀을 지키기 위해 우리가 할 수 있는 일은 무엇일까?		
개념적 렌즈	기후 변화가 쌀에 미치는 영향 이해		
핵심기능	쌀을 지키기 위해 우리가 할 수 있는 일		
평가방법	보고서평가, 관찰평가		
평가기준	요소 \ 수준	**기후 변화가 쌀에 미치는 영향**	**쌀을 지키기 위해 할 수 있는 일**
	3	기후 변화가 쌀에 미치는 영향을 정확하게 알고 쓸 수 있다.	쌀을 지키기 위해 할 수 있는 일을 구체적으로 설명할 수 있다.

주제	교과	성취기준	성취기준 기반 평가				프로젝트 활동 평가(개념 기반)			
			방법	평가기준						
	직업 (1)	[9진로06-06] **쌀 소비 증진, 자연보호 등 방법을** 조사하고 **이를** 지킨다.	체크 리스트	조사 하기	3	쌀 소비 증진, 자연보호 등의 방법을 조사하고, 이를 실천하기 위한 약속을 할 수 있다.		2	기후 변화로 쌀이 줄어들고 있음을 그림이나 사진으로 표현할 수 있다.	쌀을 지키기 위해 할 수 있는 일을 핵심단어로 설명할 수 있다.
					2	쌀 소비 증진, 자연보호를 실천하기 위한 약속을 할 수 있다.		1	기후 변화로 쌀이 사라진 밥상을 표현할 수 있다.	교사나 친구의 설명을 듣고 쌀을 지키는 방법과 관련된 사진을 가리킬 수 있다.
					1	쌀 소비 증진, 자연보호를 실천하기 위한 방법에 관심을 가질 수 있다.				
행동하기 결과 발표하기	직업 (1)	[9진로03-02-01] 신체와 도구를 활용하여 **쌀음식 조리** 작업을 수행한다.	실기 실습 평가	조리 하기	3	쌀음식 경연대회에 참여하여 스스로 쌀음식 메뉴를 정하고 조리할 수 있다.	프로젝트 활동 참여도 및 역할 수행에 대한 관찰평가			
					2	쌀음식 경연대회에 참여하여 쌀음식 메뉴를 조리할 수 있다.				
					1	도움을 받아 쌀음식 메뉴를 조리하는 데 관심을 가질 수 있다.				
				발표 하기	3	우리 가족 밥상 사진을 찍고 메뉴를 설명할 수 있다.				
					2	가족과 협력하여 우리 가족 밥상 사진을 찍고 발표할 수 있다.				
					1	가족과 협력하여 찍은 우리 가족 밥상 사진을 보여줄 수 있다.				
닫기	직업 (1)	[9미술02-02-01] **쌀의 소중함을** 다양한 방법으로 표현한다.	상호 평가	공유 하기	3	쌀의 소중함을 그림으로 그리고, 프로젝트에 참여한 소감과 함께 발표할 수 있다.				
					2	쌀의 소중함을 그림으로 그릴 수 있다.				
					1	친구와 함께 프로젝트에 참여한 소감을 표정으로 표현할 수 있다.				

중학생인 우리 아이들이 배워야 하는 학교 수업은 국어, 수학, 사회, 과학, 체육, 음악, 미술, 진로와 직업 이렇게 과목으로 나누어져 있다. 국어 시간에 의성어, 의태어로 말하는 것을 익히고 진로와 직업 시간에 농부가 하는 직무를 탐색하고, 음악 시간에 농부 노래를 부르는 것. 이렇게 학교에서의 수업은 각자 과목들과 배워야 하는 내용들이 분절적으로 존재하지만 우리 아이들이 살아가는 세상은 그렇지 않다. 세상의 일들은 통합적으로 모든 것들이 합쳐져 얽히고설킨 상태로 존재한다. 배운 지식의 일반화와 유지가 가뜩이나 어려운 우리 장애 학생들에게 학교에서 배운 과목별의 분절적 지식을 세상 속에 적용하며 살아가는 것은 정말 어려운 일이다. 중도중복장애 학생들에게는 심지어 기의 불가능이라고 생각한다. **교사라면 아이들의 삶에 아주 조금이라도 의미 있는 것을 전달하고 가르쳐야 하지 않을까?**라는 생각으로 주제 중심으로 교과를 통합한 프로젝트를 설계하여 수업한다.

이번 프로젝트는 <쌀>이라는 매개체를 가지고 과목별로 관통하는 지식들을 이어 우리 장애 학생들에게 <쌀의 소중함>이라는 가치와 태도를 의미 있게 가르치고자 구성하였다. <쌀>이라는 매개체를 통해 국어적 지식, 진로와 직업적 지식, 미술적 지식, 사회적 지식, 음악적 지식까지 통합하여 느끼고 배울 수 있도록 하였다. 이렇게 주제통합적으로 접근한 결과 우리 아이들은 가치와 태도를 배울 수 있었다.

국어 시간에 배운 '벼의 성장과정을 의성어, 의태어로 표현하는 활동'은 단순한 지식이다. 그런데 이러한 활동이 **진로와 직업**과 만나 맛있는 쌀로 밥 지어 먹기, 쌀로 만든 다양한 음식 맛보기 활동을 통해 쌀이 우리와 밀접한 관련이 있다는 것을 깨닫게 되고, **사회**와 만나 기후 위기 때문에 이런 소중한 쌀이 사라질 수도 있다는 위기감을 느끼게 되면서 쌀을 지키기 위한 우리의 책임이 막중하다는 것을 몸소 느끼게 된다. <쌀>을 대하는 관점과 태도가 생기게 되는 것이다.

교과서적 지식뿐만 아니라 가치와 태도를 함께 의미 있게 가르치고자 하기 위함. 그리고 그것이 우리의 삶과 밀접하게 관련되어 있다는 것을 알게 하고, 세상을 살아가는 데 바로 적용되는 지식들을 가르치는 것. 그것이 주제통합 수업의 이유이다.

Step 3 프로젝트 수업 실행하기

▸ 열기(1차시) "미션 확인: 쌀을 지켜라!"

차시	활동 및 내용	관련 교과 및 시수
1/13	♣ 「쌀벤져스」 프로젝트 안내 • 쌀벤져스 프로젝트 열기(프로젝트 소개) • 역할 설정하기(할핀 캐릭터 인형 만들기) - 캡틴라이스 - 라이스우먼 - 라이스맨 - 쌀토르 - 쌀크 - 블랙라이스 ⇨ 미션 확인: 쌀을 지켜라!	직업 1

프로젝트를 시작하는 **[열기] 시간에는** <쌀벤져스 프로젝트>를 소개하고 학생 개인의 역할을 설정하며 프로젝트를 연다. 학생들의 수업 집중도를 높이는 가장 좋은 매개체는 본인의 얼굴이다.

쌀벤져스의 리더인 캡틴라이스, 힘이 가장 센 쌀토르, 두 가지 모습의 쌀크, 라이스우먼 등 캐릭터의 역할을 확인하고 원하는 캐릭터로 할핀 인형을 만든다.

할핀 인형을 다 만들고 나면 우리 모두의 미션을 확인하며 함께 구호를 외친다.

쌀을 지켜라!

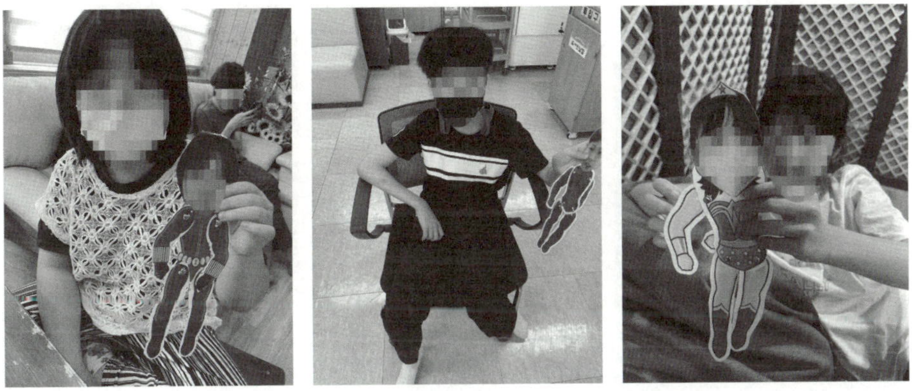

<미션 확인: 쌀을 지켜라> 역할 설정하고 할핀 캐릭터 인형 만들기

▸ 탐색하기(4차시) **"벼의 변신"**

차시	활동 및 내용	관련 교과 및 시수
2~5/13	♣ 그림책 「모모모모모」 읽기 • 그림을 보고 벼의 성장 과정을 의성어/의태어로 추측 · 표현하기 • 벼의 수확 과정 알기 ♣ 도정 전/후 쌀 관찰하기 • 현미, 쌀을 이용하여 다양한 그림 그리기 • 현미, 쌀을 이용하여 악기 만들기 ♣ 직업 '농부' 알기 • 농부 역할 놀이하기(노래: 나는 부지런한 농부) • 현미, 쌀을 이용하여 만든 악기 연주하기	직업 1 직업 2 직업 1

프로젝트 두 번째는 **<탐색하기> 단계이다.** 다양한 활동을 통해 <쌀>이 생산되기까지 일련의 과정들을 전체적으로 조망하며 <쌀>을 충분히 탐색할 수 있는 시간을 갖는다.

♣ 그림책 「모모모모모」 읽기

[그림책 읽고 벼의 성장 과정 의성어/의태어로 추측 · 표현하기]

<탐색하기> 첫 번째 시간에는 그림책 「모모모모모」를 함께 읽는다. 표지를 보며 제목 '모모모모모'가 무슨 뜻일지, 그림을 함께 관찰하며 책의 내용과 의미를 추측하는 활동으로 수업을 연다.

표지를 보며 충분히 이야기했다면 다음은 면지를 살펴보고 본문으로 들어간다. 글자가 단순하고 반복적으로 제시되어 있어 장애 학생들이 쉽게 읽을 수 있고, 그림 역시 직관적으로 표현되어 있어 글자를 읽지 못하는 장애 학생들도 그림을 보며 내용을 곧잘 추측한다. 모내기부터 시작되어 추수로 마무리되는 그림책을 통해 벼의 성장 과정을 자연스럽고 쉽게 전체적으로 조망할 수 있다.

또한 각 장면에 표현된 의성어/의태어에 더하여 학생들의 상상력으로 새로운 의성어/의태어를 추가하면서 재미있는 활동을 전개할 수 있다. 책의 글을 그대로 따라 적기도 하고, 새롭게 창작하기도 하면서 종이(혹은 포스트잇)에 적은 것을 그림책에 첨가하며 책을 재창조하는 것도 재미있다.

♣ 도정 전/후 쌀 관찰하기

<현미, 쌀 이용하여 다양한 그림 그리기>

현미, 쌀을 이용하여 다양한 그림을 그리기 전에 현미와 쌀의 색, 촉감, 크기, 냄새를 비교하고 현미의 껍질을 직접 벗겨봄으로써 도정 단계를 직접 체험한다.

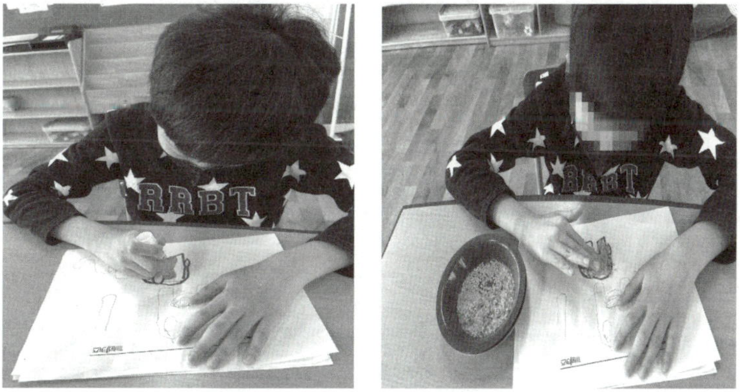

[현미, 쌀 이용하여 다양한 그림 그리기]

쌀의 도정 전 단계가 현미임을 알게 하고, 이것을 이용하여 다양한 그림을 그리면 그 과정 속에서 학생들은 자연스럽게 도정 전/후의 쌀을 관찰, 경험할 수 있다. 쌀에 파스텔 가루를 뿌리고 살짝 섞어 다양한 색의 쌀을 만들면 시각적 자극을 활성화할 수 있는 좋은 재료가 된다. 시각, 촉각, 미각, 후각, 청각 등 오감을 활용하여 쌀을 마음껏 탐색하는 시간을 가진다.

<현미, 쌀 이용하여 악기(마라카스) 만들기>

준비물
투명 플라스틱 통, 쌀, 파스텔, A4용지, 다양한 색깔 매직

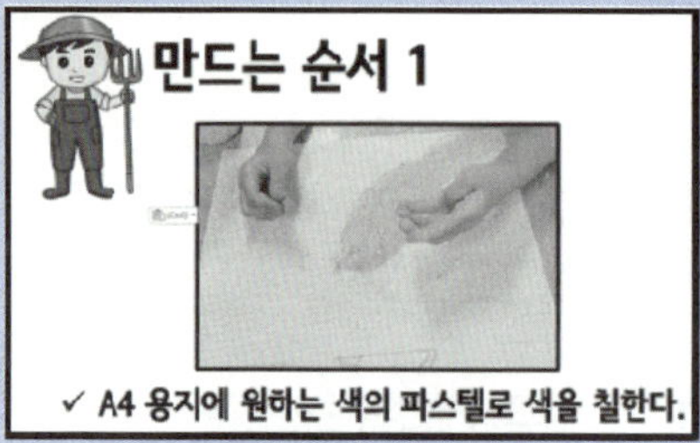

A4용지를 책상 위에 펼쳐두고 원하는 색상의 파스텔을 골라 파스텔 모서리 부분을 이용하여 칠한다. 이때 파스텔을 강하게 칠해 파스텔의 가루가 일어날 수 있도록 하는 것이 좋다.

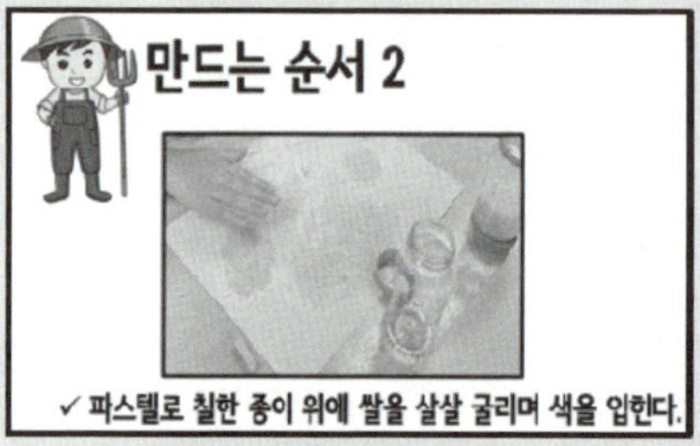

파스텔의 가루가 일어난 부분 위에 쌀을 올리고 손으로 쌀을 살살 굴리며 쌀알 하나하나에 파스텔의 색이 입혀지게 한다. 쌀알이 A4용지 밖으로 튀어나가지 않도록 천천히 살살 문지르는 것이 좋다.

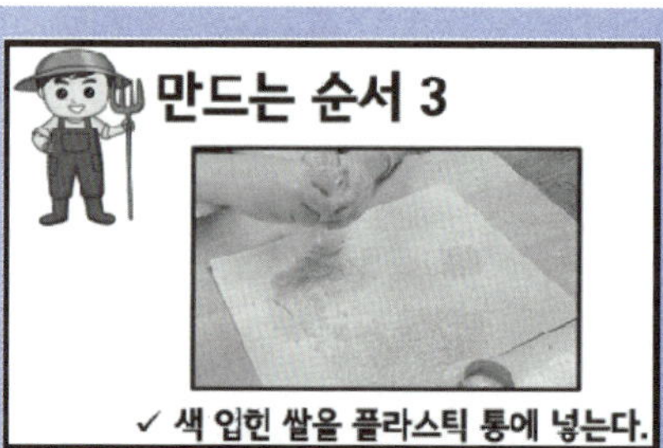

2번 과정을 반복하며 다양한 색으로 쌀알을 염색하고, 색을 입힌 쌀을 플라스틱 통에 넣는다.

쌀을 넣은 투명 플라스틱 통을 색깔 매직으로 예쁘게 꾸민다. 색깔 쌀의 섞임을 방지하기 위해 제일 첫 순서에 플라스틱 통 꾸미기 활동을 해도 좋다.

♣ 직업 '농부' 알기

간이 포토채널로 농부 되기

농부 그림 색칠하기

농부 체험(텃밭 가꾸기)

다양한 활동을 통해 '농부'라는 직업을 충분히 알아보는 시간을 갖는다. **간이포토채널**은 아이들이 정말 좋아하는 활동이다. 여행을 다니다 보면 유명한 여행지 곳곳에 전시된 다양한 포토채널 앞에 줄을 서서 사진 찍을 차례를 기다리고 있는 사람들의 풍경을 흔하게 볼 수 있다. 간접적으로 해당 인물, 환경을 경험해 볼 수 있는 가장 빠른 방법이며 선호하는 방법인 듯하다. 직업의 특성이 잘 드러난 캐릭터를 A3 크기로 뽑아 코팅하여 얼굴 부분을 뚫은 간이 포토채널을 제작한다. 이때 사진을 찍는 것에서 그치는 것이 아니라 찍은 사진을 바로 아이들과 공유함으로써 화면 속 자신의 옷차림, 캐릭터가 들고 있는 도구 등을 통해 방금 간접 경험한 인물의 특성을 다시 한번 되새기는 시간을 가지도록 한다.

색칠하기 역시 아이들이 굉장히 선호하는 활동이다. 간이포토채널과 색칠하기 캐릭터를 동일하게 제시하면 반복을 통한 학습의 유지에 용이하다. 색칠한 농부 그림은 게시판에 게시하여 교실 환경 속에서 자연스럽게 직업 '농부'를 계속적으로 노출시킨다.

농부, 농부가 하는 일, 하는 일의 결과로 생겨나는 결과물(작물)을 한번에 학습할 수 있는 활동이 바로 텃밭 가꾸기이다. '나는 부지런한 농부' 송을 부르며 신나게 한 해 농사를 시작해 보자. **텃밭 가꾸기 활동**을 통해 농부의 삶을 자연스럽게 배울 수 있을 것이다.

▸ 구성하기(3차시) "맛있는 쌀"

차시	활동 및 내용	관련 교과 및 시수
6~8/13	♣ 식단표에 나오는 쌀 조사하기 • 식단표에 등장하는 다양한 쌀밥 종류 알아보고, 모의 식판 꾸미기 활동하기(5일치)	직업 1
	♣ 다양한 종류의 쌀밥 비교하기 • 다양한 종류의 햇반으로 밥 짓기 • 다양한 종류의 쌀밥 맛 비교하기	직업 1
	♣ '쌀 베이킹' 전문가 체험하기 • 딸기 백설기 만들기	직업 1

프로젝트 세 번째는 <구성하기> 단계이다. 쌀이 우리에게 필요한 이유를 직관적으로 체험할 수 있는 단계이다. 아이들이 가장 좋아하는 매개체 <음식>과 활동 <먹기>로 쌀을 조사, 비교, 체험함으로써 맛있는 쌀을 최대한 생생하게 느낄 수 있도록 계획한다.

♣ 식단표에 나오는 쌀 조사하기

교실에서 자발적으로 아이들의 의지를 담아 가장 많이 읽히는 매체는 무엇일까?

바로 식단표이다. 반마다 다양한 환경 구성으로 저마다의 개성을 뽐내고 있지만 공통적으로 빠짐없이 배치되어 있는 것이 있다. 바로 식단표. 시각 학급에서는 심지어 기본 식단표, 큰 글자 식단표, 점자 식단표의 3종 세트로 식단표를 게시판에 게시하고 있다.

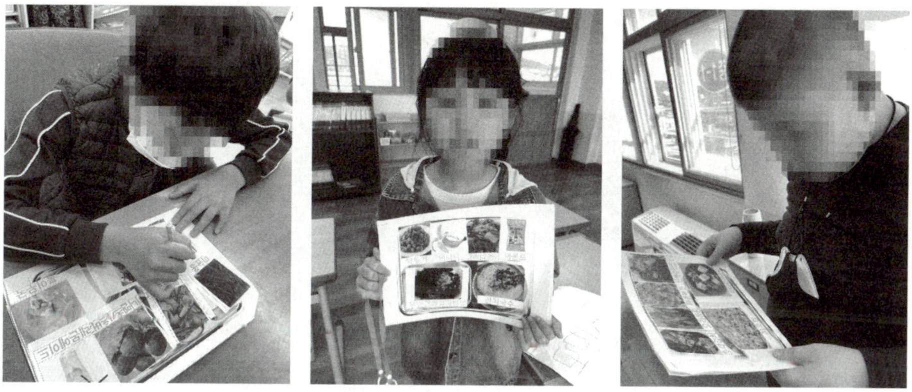

[모의 식판 꾸미기 활동]

이렇게 식단표가 환경 구성에 빠지지 않는 이유는 단 하나. 그만큼 아이들이 좋아하고, 많이 찾기 때문일 것이다. 이 식단표로 쌀 조사 활동을 해보자.

실제 학교의 식단표 구성대로 모의 식판 꾸미기 활동을 해보자.

수업이 오전이라면 오늘 점심 메뉴로, 수업이 오후라면 내일 모레 등 미래의 점심 메뉴로 모의 식판 꾸미기 활동지를 구성하는 아이들의 기대감과 맞물려 호응 좋고 집중도 높은 수업이 된다.

A4용지에 식판 사진을 뽑고 밥, 국, 반찬의 사진 그리고 명칭을 라벨지에 인쇄하여 하나하나 차례대로 붙이고 식단 메뉴를 확인한다.

전체적인 메뉴 확인이 끝나면 쌀 종류에 집중하여 다시 한번 밥을 확인하자.

'검은 쌀밥', '현미 쌀밥', '기장 쌀밥', '보리 쌀밥', '잡곡밥', '검은콩밥' 등 꾸민 식판 활동지를 함께 보며 쌀 종류를 재미있게 익힐 수 있다.

♣ 다양한 종류의 쌀밥 비교하기

[다양한 종류의 햇반으로 쌀밥 비교하기]

밥을 직접 지어보는 활동이 가장 좋겠지만 학교에서는 수업 시간의 제약으로 인해 다양한 종류의 밥을 직접 지어 비교해 보는 활동에 한계가 있다. 문명의 발전으로 인해 세상을 살아가기에도, 수업하기에도 정말 좋은 시대가 되었다. 마트에 가면 쉽게 구할 수 있는 햇반. 전자레인지에 약 2분 데우기만 하면 갓 지은 밥처럼 그렇게 맛있을 수가 없다. 2분만 투자하면 맛볼 수 있는 갓 지은 밥이라니. 편리한 세상이다. 이런 햇반도 처음에는 흰쌀밥으로 시작해서 잡곡밥, 보리밥, 영양찰밥 등 이제는 골라 먹는 재미까지 선사해 준다. 종류별로 선별해서 교실로 들고 간 햇반은 훌륭한 쌀밥 견본이 된다. 색과 모습도 비교하고, 냄새도 맡아보고, 맛도 보면서 다양한 종류의 쌀밥을 비교해 보자.

'쌀 베이킹' 전문가 체험하기

쌀가루를 체에 곱게 거르고 물과 섞어 반죽하여 만들 수 있는 음식의 종류는 정말 다양하다. 시루떡, 피자, 송편 등 다양한 종류의 쌀음식을 만드는 활동은 힘든 작업 뒤 시식이라는 달콤한 보상이 따라오기에 아이들의 호응이 굉장히 좋다. 쌀로 다양한 음식을 만들고 맛보면서 맛있는 쌀을 경험하는 것은 쌀의 소중함을 직접적으로 잘 느낄 수 있는 효과적인 활동이다.

'이 맛있는 음식이 다 쌀로 만든 것이다'라는 사실을 아이들이 직관적으로 받아들일 수 있도록 강조하는 것이 중요하다.

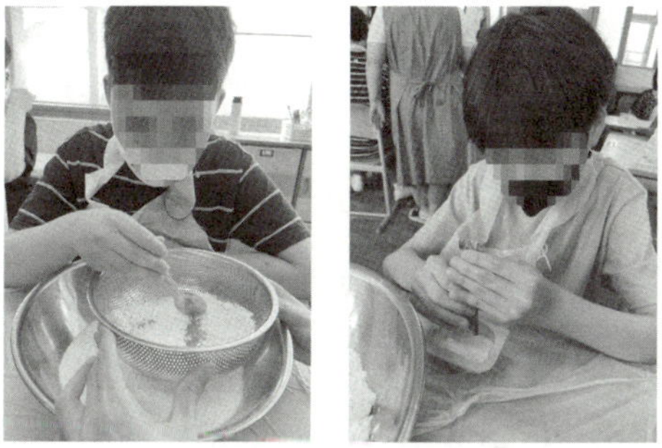

[딸기 시루떡 만들기]

[쌀피자 만들기]

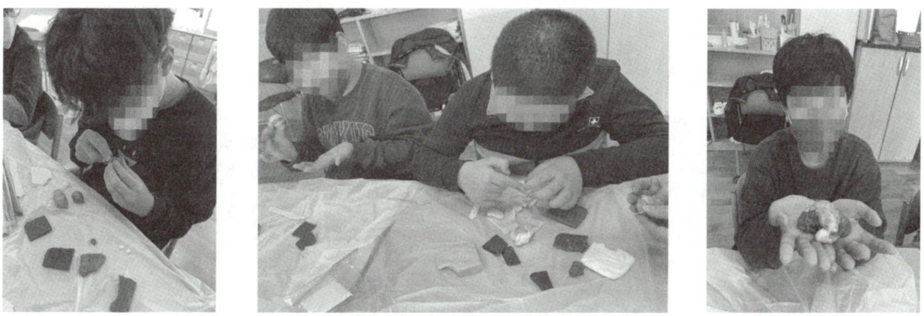

[쌀클레이 송편 만들기]

▸ 설명하기(3차시) **"쌀아 지켜줄게"**

차시	활동 및 내용	관련 교과 및 시수
9~11/13	♣ 기후변화가 쌀에 미치는 영향 알아보기 • 쌀이 없는 밥상 차리기 ♣ 식량 위기 세계지도 그리기 ♣ 쌀을 지키는 방법 알아보기 • 쌀 소비 증진, 자연보호 등 방법 알고 실천하기	직업 1 직업 1 직업 1

네 번째 설명하기 단계에는 아이들로 하여금 쌀을 지키겠다는 마음을 다짐하도록 하였다. 기후 변화로 인해 쌀이 점점 사라지고 있고 멀지 않은 훗날에 우리의 식단에 쌀(밥)이 없어질 수도 있다는 사실을 각인시켜 준다.

식량 위기 세계 지도를 그려봄으로써 이미 세계의 많은 곳에서 쌀이 사라지고 있으며 조만간 우리도 그렇게 될지 모른다는 경각심을 일깨워준다.

이러한 일(우리의 밥상에서 밥이 사라지는 일)이 일어나지 않으려면 우리가 어떻게 해야 하는지 쌀 소비 증진, 자연보호 등의 방법을 함께 알아보고 실천을 다짐해 본다.

♣ 기후변화가 쌀에 미치는 영향 알아보기

[가정 연계: 쌀이 없는 밥상 차리기]

가정과 연계하여 가정에서 쌀이 없는 밥상을 차리고 알림장으로 인증 사진을 함께 공유하여 수업 시간에 활용한다.

아이들에게 쌀이 없는 밥상을 차려 저녁 식사를 했을 때 기분이 어땠는지 서로 이야기 나누게 하는 것도 좋은 활동이다.

학부모님 등 가족과 협의가 된다면 학교 급식실에서 밥 없는 식판으로 한 끼 식사를 꾸려보는 것도 좋다. 밥을 좋아하는 우리 아이들에게 밥 없는 식판의 경험은 식량위기에 대해 뼈저리게 느낄 수 있는 진귀한 경험이 될 것이다.

♣ 식량 위기 세계지도 그리기

[식량 위기 세계지도 그리기]

♣ 쌀을 지키는 방법 알아보기

기후 위기가 식량 위기를 불러온다는 인과관계를 알게 한다. 기후 위기가 생기는 이유는 결국 환경오염 때문이며 우리가 인지하지 못한 채 일상적으로 하고 있는 행위들이 가져오는 무시무시한 결과에 대해 아이들이 좋아하는 북극곰이라는 매개체를 통하여 진지하게 생각해 본다.

<북극곰 살리기 프로젝트>

[독서 활동]

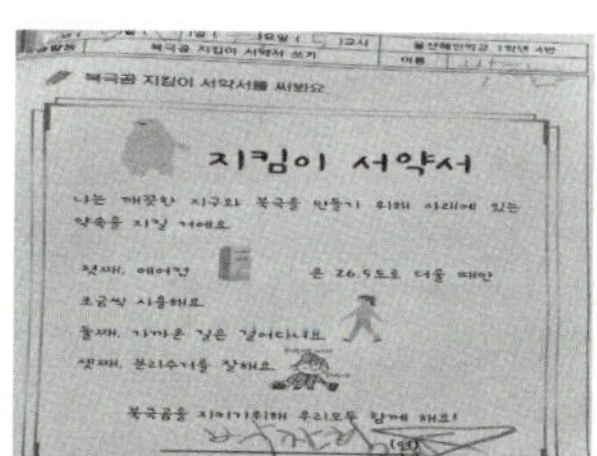

[북극곰 학습지]

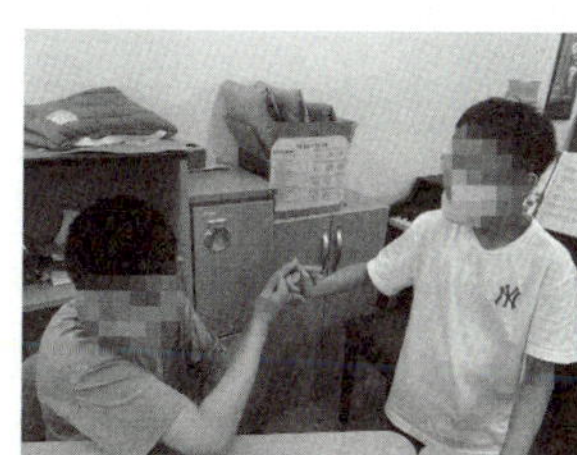

북극곰을 살리기 위한
환경 보호 약속하기

귀여운 북극곰이 우리 때문에 죽어간다고?

독서 활동을 통해 북극곰이 현재 처해있는 상황과 왜 그런 상황에 처하게 되었는지(원인), 그 상황에서 북극곰이 벗어날 수 있도록 하려면 우리는 무엇을 해야 하는지 함께 생각해 본다. 생각에만 그치는 것이 아니라 가장 중요한 건 실천임을 강조하여 북극곰을 살리기 위한 환경 보호 활동을 약속하고 지금 당장, 교실에서부터 실행할 수 있는 실천을 찾아 실행에 옮기는 것이 중요하다.

<나무 심기 프로젝트>

[나무 조사 활동]

[나무 심기]

[신체 나무 꾸미기 활동]

환경을 보호하기 위해 할 수 있는 적극적인 활동 중 하나가 바로 나무 심기이다. 도심 자투리땅을 이용해 작은 묘목을 심거나 식물을 키우는 것만으로도 대기오염을 줄이고 공기를 쾌적하게 정화하는 데 도움이 된다는 것을 아이들에게 알려줄 수 있다. 학교 주변을 함께 다니며 교내 다양한 나무들을 조사해 보는 활동부터 시작해 교실 내에서 나만의 작은 식물 키우기, 신체 나무 꾸미기 활동 등 실물, 가상 등 다양한 나무를 곁에 두는 프로젝트를 통해 나무를 친근하게 여길 수 있게 하고, 나무의 역할을 알려줌으로써 나무의 소중함, 고마움을 알게 한다.

▸ 행동하기(1차시) **"결과 발표하기"**

차시	활동 및 내용	관련 교과 및 시수
12/13	♣ 쌀 소비 캠페인 계획 및 실천하기 • 쌀음식 경연대회 열기(쌀떡볶이, 쌀피자, 쌀빵) • 가정 연계: 우리 집 밥상 자랑하기	직업 1

'행동하기' 단계에는 그동안 진행해 온 프로젝트의 결과를 발표하도록 구성하였다.

상대적으로 장애가 더 심한 특수학교 아이들이기에 결과 발표는 내용적인 측면보다는 방법적 측면에 중점을 두었다. 쌀 소비 캠페인 계획 및 실천하기 활동을 위해 직접 몸소 쌀을 소비하는 쌀음식 경연 대회를 열었다. 조를 나누어 같은 재료인 쌀가루를 가지고 호박 쌀 머핀, 초코 쌀 머핀을 각각 만들고 시식함으로써 수업의 즐거움을 더했다. 노란색 호박 쌀 머핀, 갈색 초코 쌀 머핀 모두 다 보기에 맛깔스러워 보였지만 결과는 초코 쌀 머핀의 압도적인 승리로 끝났다.

♣ 쌀 소비 캠페인 계획 및 실천하기

쌀음식 경연대회

[호박 쌀머핀 만들기]

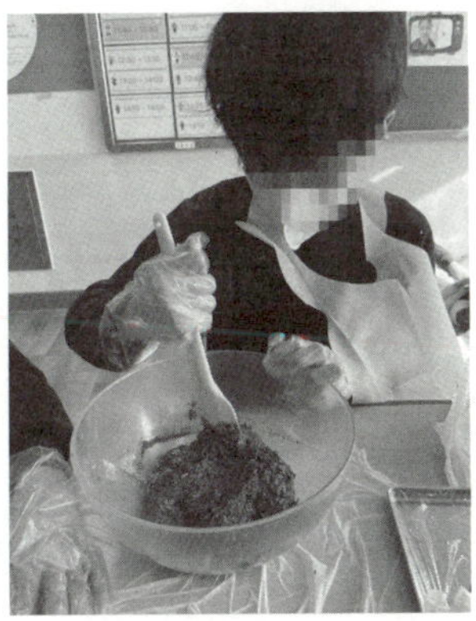

[초코 쌀머핀 만들기]

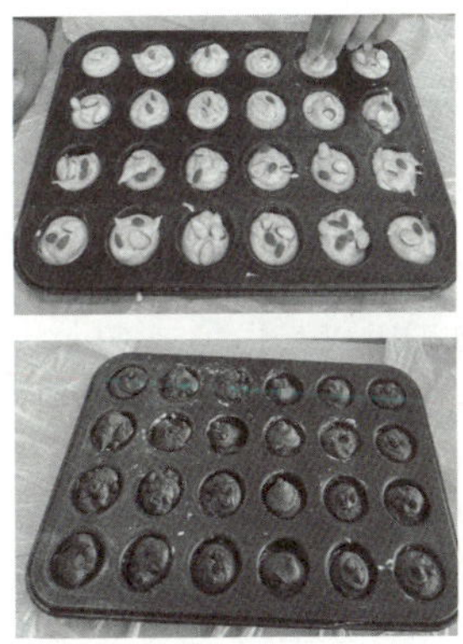

[어느 것이 더 맛있을까?]

[가정 연계: 우리 집 밥상 자랑하기]

가정과 연계하여 우리 집 밥상 자랑하기 대회도 열었다. 사진일 뿐인데도 아이들은 상, 음식의 모습만 보고도 자기 집 밥상임을 알았다. 이렇게 학교에서만 단편적으로 진행되는 교육 활동이 아니라 가정과 연계하여 소통하며 진행하니 아이들의 학습효과는 물론 수업 참여도, 흥미도, 집중도도 높아졌다.

▸ 닫기(1차시) "쌀벤져스 프로젝트 참여 소감 발표하기"

차시	활동 및 내용	관련 교과 및 시수
13/13	♣ 성찰하기 •「쌀벤져스」 프로젝트에 참여한 소감 발표하기 • 쌀의 소중함 그림으로 그리기	직업 1

마지막 '닫기' 단계에는 쌀벤져스 프로젝트에 참여한 소감을 발표하였다.

13차시의 프로젝트를 달성하고 난 후 그동안의 수업에 대해 좋았던 점, 부족했던 점, 더 바라는 점, 가장 재미있었던 활동 등 자신의 느낌을 솔직하게 이야기하고 나누는 시간이 된다.

한 달이 넘는 긴 시간을 달려온 프로젝트이기에 아이들이 모두 기억하기 힘들 수도 있다. 따라서 이 <성찰하기> 시간에는 아이들과 그동안 함께 했던 프로젝트 활동사진들을 전자칠판으로 함께 보면서 진행하면 좋다.

의사소통이 가능한 아이들에게는 직접 앞에 나와서 자신의 생각을 발표하도록 하고, 의사소통이 안 되는 중도중복장애 아이들에게는 활동사진들을 보여주며 교사의 질문을 듣고 해당하는 사진을 고르게 할 수 있다.

쌀벤져스 프로젝트를 진행하면서 가장 재미있었던 활동은 무엇이었나요?
아쉬웠던 활동은 무엇이었나요?
딱 하나의 활동만 다시 할 수 있다면 무슨 활동을 다시 하고 싶나요?

프로젝트 대장정을 마무리한 후 정리하고 성찰하는 시간은 교사에게도 중요하지만 우리 아이들에게도 다시 한번 학습 내용을 상기할 수 있는 의미 있는 시간이 된다.

Step 4 프로젝트 되짚어 보기

5주라는 한 달이 조금 넘는 시간 동안 진행했던 쌀벤져스 프로젝트는 2015 교육과정에서는 물론 2022 개정 교육과정에서는 더더욱 강조되고 있는 생태환경교육을 장애 학생들에게 어떻게 접근해 교육해야 하는지 많은 것을 알려준 의미 깊은 프로젝트라고 할 수 있다.

교통안전교육의 경우 우리가 당장 행하는 행동, 예를 들어 신호등을 무시하고 길을 건넜을 때 일어날 수 있는 결과로 차 사고가 나서 크게 다칠 수 있다든지, 심지어 목숨까지 잃을 수 있다는 무시무시하고 실제 아이들의 삶에 경험적으로 와닿는 결과를 제시함으로써 교육의 효과를 높일 수 있다.

반면 **생태환경교육의 경우** 우리가 당장 행하는 행동의 결과가 당장 내 삶에 와닿는 눈에 띄는 결과로 영향을 미치는 것이 아니기에 실제 아이들의 삶에 경험적으로 와닿는 결과 제시가 어려워 교육의 효과를 내기가 어렵다고 생각했던 것이 사실이다.

특히 중도중복의 장애가 많은 특수학교의 경우는 더더욱 추상적이고 직관적이지 않아 이해시키기 힘든 생태환경교육.

그러나 여러 명의 지성이 함께 모여 식량위기대응 쌀 프로젝트를 함께 구성하고 진행하면서 생태환경교육은 추상적이라 특수교육 학생에게 이해시키기 힘든 영역이라고 너무나 쉽게 단정했던 게 아닌가 하는 반성과 부끄러움이 몰려왔다.

아이들에게 적합한 방식과 내용으로 교사가 재구성하면 어떤 주제라도 직관적이고 흥미롭게 아이들에게 다가갈 수 있는 것을.

이번 프로젝트를 통해,

장애 아이들에게 가르칠 수 없는 건 없다.
세상의 모든 지식은 방법과 내용을 수정하면 모두 다 가르칠 수 있다.

라는 것을 배우게 되었다.

또한 특수학교에 재학 중인 중도중복장애 학생이라는 것을 너무나 크게 염두에 두고 **처음부터 겁먹은 채 흥미 위주의 활동 중심 프로젝트를 진행한 것이 아닌가** 하는 한 가지 후회와 교과를 통합한 주제 통합 프로젝트이므로 다양한 과목의 **선생님들과 협업으로 진행했으면 어땠을까** 하는 한 가지 후회가 존재한다. 두 가지 후회를 바탕으로 기회가 된다면 다음번에는 좀 더 의미 있는 활동 중심으로 여러 교과 선생님들과 협업하여 다시 진행해 볼까 한다.

어렵게만 느껴지는 수업주제,
과연 우리 학생들이 잘
배울 수 있을까요?
아이들의 삶에서부터 수
업을 시작해보세요.

02 앎이 삶으로 이어지는 「쌀벤져스」 프로젝트 수업 : 특수학교(중학) 사례

Step 1 프로젝트 수업설계 의도

수업 주제가 아이들의 삶과 가까운 것에서부터 시작된다면 아이들은 수업에 흥미를 느끼고, 그 흥미를 지속하게 된다. 우리 학교에서는 매일 아침 1교시 창체 및 체육시간을 활용하여 학교 주변을 걸으며 운동을 하고 있다. 학생들이 매일 걷는 학교 주변은 쌀농사를 짓는 낙동강 주변 평야지역이라 학생들은 아침 운동시간에 계절마다 푸르렀다 누렇게 익어가는 쌀, 쌀농사를 짓는 농부들의 모습, 정미소의 모습을 스쳐 지나가며 본다. 아이들에게 익숙한 환경적인 경험과 함께 가을의 계절적 요소를 반영하여 "쌀벤져스" 수업을 설계하게 되었다.

공동 기획한 프로젝트 수업을 특수학교 중학교 2학년 학생들에게 맞게 재구조화하였다.

프로젝트를 적용한 반의 특징을 소개하자면, 일반학급에서 전학 온 비교적 장애가 경한 학생들의 비중이 많아 경증 장애 학생과 중증 장애 학생이 공존하는 형태라 할 수 있다.

아이들이 매일 먹고 보는 우리의 주식인 쌀이 예측하기 어려운 기후위기, 세계적인 정세, 산업의 영향에 따라 자칫하면 먹지도, 보지도 못하게 될 수도 있다는 위기감이 높아지고 있다. 이러한 '식량위기사태'는 이미 세계적인 키워드로 자리 잡아 전 세계를 뒤흔들고 있다.

이러한 '식량위기사태'에 대처하기 위해 우리가 해야 할 노력들이 무엇이 있는지 탐구해보고자 본 프로젝트를 계획하게 되었다. 과학 교과를 중심으로 사회, 직업 교과를 재구성함으로써 '쌀', '식량위기대응'에 대한 탐구 능력을 향상할 수 있도록 성취기준을 반영하여 활동 주제를 구성하였다

Step 2 프로젝트 수업 기획하기

하나, 프로젝트 수업 한눈에 보기

<table>
<tr><th>배움</th><th colspan="2">활동주제</th><th>활동 및 내용</th><th colspan="2">교과(시수)</th></tr>
<tr><td rowspan="5">식량위기 대응</td><td colspan="2">열기</td><td>♣ '쌀벤져스' 프로젝트 안내하기
• 쌀벤져스 프로젝트 설명하기
• 어벤져스 캐릭터 정하기</td><td>창체 1</td><td>1</td></tr>
<tr><td>탐색 하기</td><td>벼의 변신</td><td>♣ '모모모모모(밤코)' 책을 읽으며 벼의 수확과정 알아보기
♣ '벼' 꽃의 수정과정과 '벼'의 열매(쌀) 관찰하기
♣ '쌀'의 영양소 검출 실험하기</td><td>과학 1
과학 2
과학 2</td><td>5</td></tr>
<tr><td>구성 하기</td><td>맛있는 쌀</td><td>♣ 식단표에 나오는 쌀 조사하고, 즉석밥으로 다양한 밥하기
♣ 쌀의 무게 측정하기
♣ '쌀'로 음식 만들기(현장체험학습)</td><td>과학 2
과학 2
진로 2</td><td>6</td></tr>
<tr><td>설명 하기</td><td>쌀아! 지켜줄게</td><td>♣ 기후변화가 쌀에 미치는 영향 알아보기
♣ 쌀 세계지도를 만들고, 쌀의 이동과정을 시각적으로 표현하기
♣ 쌀을 지키는 방법 알아보고 실천하기
♣ 쌀과 관련된 직업 조사하기</td><td>과학 2
사회 2
진로 1</td><td>5</td></tr>
<tr><td>행동 하기</td><td>결과 발표하기</td><td>♣ 프로젝트 공유하기
• 쌀을 지키는 방법(식량위기에 대처하기 위해 우리가 해야 할 노력)을 안내하는 홍보 동영상 만들기</td><td>창체 1</td><td>1</td></tr>
<tr><td></td><td>닫기</td><td>성찰 하기</td><td>♣ 프로젝트 소감 발표하기</td><td>창체 1</td><td>1</td></tr>
</table>

프로젝트 수업은 [열기-탐색하기-구성하기-설명하기-행동하기-닫기] 순서로 이루어진다.

<열기> 단계에서는 '쌀벤져스' 프로젝트를 안내한다. 학생들에게 주제에 대해서 설명하고, 주제에 대한 동기를 유발하고자 학생들에게 각자 어벤져스 캐릭터를 정하도록 하여 배움 주제에 대한 공동체의식과 소속감을 갖도록 하였다.

<탐색하기> 단계에서는 '벼의 변신'이라는 주제로 「모모모모모」 책을 읽으며 벼의 수확과정 알아보기, '벼' 꽃의 수정과정과 '벼'의 열매(쌀) 직접 관찰하기, '쌀' 영양소 검출 실험하기 활동을 진행한다. 벼가 자라는 모습, 열매, 그 열매의 영양소에 대해 알아보며 벼의 다양한 모습을 탐색하는 활동을 한다.

<구성하기> 단계에서는 '맛있는 쌀'이라는 주제로 우리 학교 식단표에 나오는 다양한 쌀밥의 종류를 조사하고, 마트에서 파는 다양한 즉석밥을 이용하여 밥을 짓고 각각의 밥을 맛보는 활동을 한다. 또한 '쌀'로 만드는 다양한 음식과 간식을 만들기 위해 필요한 재료의 무게를 재고 만들어보는 활동을 하며 '맛있는 쌀' 주제에 대해 정보를 확장해 나간다.

<설명하기> 단계에서는 '쌀아! 지켜줄게'라는 주제로 기후변화가 쌀에 미치는 영향에 대해서 알아보고 쌀 생산량, 경제적 이익을 위해서 쌀이 이동하는 경로를 세계지도에 나타내며 현재 우리가 직면하게 되는 '식량위기'에 대해 탐색한다. 또한 쌀농사와 관련된 다양한 직업과 새롭게 등장하는 직업에 대해서 알아보며 쌀과 관련된 산업과 경제활동, 기후위기가 얼마나 밀접하게 관련되어있는지 확인하고 우리가 할 수 있는 '쌀을 지킬 수 있는 방법'에 대해 탐구한다.

<행동하기> 단계에서는 전반적인 활동에 대한 마무리로 쌀을 지키는 방법(식량위기에 대처하기 위해 우리가 해야 할 노력)을 안내하는 홍보 동영상을 만들어 같은 학년 친구들에게 공유한다.

<닫기> 단계에서는 만든 영상을 함께 시청하며 그동안 진행한 프로젝트에 대한 소감과 재미있었던 것, 어려웠던 것을 나누며 프로젝트를 마무리한다.

둘, 평가계획 수립하기

주제	교과	성취기준	성취기준 기반 평가: 평가방법	평가기준		
벼의 변신(과학5)	과학	[9과학04-02-01] 벼꽃과 열매의 구조와 기능을 이해한다.	구술평가	꽃	3	벼꽃의 구조를 나열할 수 있다.
					2	벼꽃의 위치를 손으로 짚을 수 있다.
					1	벼꽃을 관찰할 수 있다.
				열매	3	열매의 기능 세 가지를 말할 수 있다.
					2	열매와 곡식의 차이점을 말할 수 있다.
					1	벼의 열매를 만져 보고 관찰할 수 있다.
		[9과학03-02-01] 생명유지에 필요한 3대 영양소의 종류 중 쌀에 들어있는 영양소의 종류와 기능을 이해한다.	관찰평가	종류와 기능	3	생명유지에 필요한 3대 영양소와 쌀에 많이 들어있는 영양소를 말할 수 있다.
					2	실험을 통해 쌀에 많이 들어있는 영양소를 말할 수 있다.
					1	친구와 함께 쌀에 많이 들어있는 영양소 검출 실험을 한다.

프로젝트 활동 평가(개념 기반)			
일반화 내용	벼는 자라서 쌀이 되어 우리에게 이로움을 준다.		
핵심질문	벼는 어떤 과정을 거쳐 쌀이 되는가?		
개념적 렌즈	벼가 쌀이 되는 과정		
핵심기능	벼가 우리의 식탁에 오르는 쌀이 되는 과정 알기		
평가방법	관찰평가, 실험보고서 기록 평가		
평가기준	요소 / 수준	벼가 쌀이 되기까지(평가1)	벼가 쌀이 되어 우리에게 주는 이로움(평가2)
	3	벼꽃에서 열매(쌀)를 맺기까지의 과정을 알고 기록할 수 있다.	영양소 검출 실험을 통해 쌀에 들어있는 영양소를 검출할 수 있다.
	2	벼꽃에서 열매가 되는 과정을 사진을 보고 설명할 수 있다.	쌀에 들어있는 영양소를 검출하여 시약의 색이 달라진 곳이 어디인지 구분하여 선택할 수 있다.
	1	벼꽃과 열매(쌀)를 관찰한다.	친구와 함께 쌀에 많이 들어있는 영양소 검출 실험할 수 있다.

주제	교과	성취기준	성취기준 기반 평가: 평가방법	평가기준		
맛있는 쌀(과학3 ▼ 진로2)	과학	[9과학03-02-02] 우리 쌀을 먹는 건강한 식습관을 형성한다.	관찰평가	경험	3	즉석밥을 통해 다양한 종류의 쌀밥을 만들며, 건강한 식습관에 대해 말할 수 있다.
					2	즉석밥을 통해 다양한 종류의 쌀밥을 만들어 먹을 수 있다.
					1	친구와 함께 만든 다양한 쌀밥을 먹을 수 있다.
	과학	[9과학-02-07-01] 저울을 통해 쌀의 무게를 측정한다.	실습평가	무게측정	3	전자저울을 통해 쌀의 무게를 측정할 수 있다.
					2	교사의 설명을 듣고 전자저울에서 쌀의 무게를 측정할 수 있다.
					1	쌀을 저울 위에 올려놓을 수 있다.
	진로	[9진로05-04-01] 식품제조업 분야의 직업 체험을 통하여 관련 직업의 특성과 필요한 능력을 파악한다.	실습평가	특성	3	식품제조업에서 하는 일을 체험하여 관련 직업이 하는 일이 무엇인지 설명할 수 있다.
					2	식품제조업에서 하는 일을 체험하여 막걸리, 인절미를 만드는 방법을 설명할 수 있다.
					1	식품제조업에서 하는 일을 체험할 수 있다.
				필요능력	3	식품제조업에서 일하기 위해서 내가 잘하는 점과 부족한 점을 파악하여 점검할 수 있다.
					2	식품제조업에서 도움을 받지 않고 할 수 있는 일이 무엇인지 점검할 수 있다.
					1	식품제조업에서 친구의 도움을 받아 할 수 있는 일이 무엇인지 점검할 수 있다.

프로젝트 활동 평가(개념 기반)			
일반화 내용		쌀로 만든 음식을 먹음으로 건강한 식생활을 형성한다.	
핵심질문		쌀로 만든 음식이 우리의 식생활에 어떤 영향을 줄까?	
개념적 렌즈		쌀로 만든 음식	
핵심기능		쌀로 만든 음식이 식생활에 미치는 영향	
평가방법		관찰평가, 구술평가	
평가기준	요소 / 수준	쌀로 만든 음식(평가3)	쌀이 식생활에 미치는 영향(평가4)
	3	정해진 요리방법과 용량에 맞게 쌀로 다양한 음식을 만들 수 있다.	쌀이 식생활에 미치는 영향을 구체적으로 설명할 수 있다.
	2	제시된 그림자료를 보고 알맞은 재료를 사용하여 쌀로 만드는 다양한 음식을 만들 수 있다.	쌀이 식생활에 미치는 영향을 듣고 쌀의 소중함을 표현할 수 있다.
	1	친구와 함께 쌀로 만든 다양한 음식을 만들고 맛볼 수 있다.	쌀로 만든 음식을 먹고 소중함을 느낄 수 있다.

주제	교과	성취기준	평가방법	평가요소	수준	평가기준
쌀아 지켜줄게 (과학2 ▼ 사회2 ▼ 진로1)	과학	[9과학-04-03-01] 서식지에 따른 벼의 특징과 생활 방식을 조사하고 벼의 생장조건을 이해한다.	보고서평가	조사	3	세계 여러 나라 지역의 쌀의 특징과 생활 방식을 표로 정리하여 설명할 수 있다.
					2	우리나라 주변의 쌀의 특징과 생활방식을 그림이 제시된 표로 정리할 수 있다.
					1	여러 나라의 쌀의 모습을 관찰할 수 있다.
				생장조건	3	벼의 생장조건을 표로 정리하고 기후변화에 대비하여 쌀을 지키는 방법에 대해서 조사할 수 있다.
					2	벼가 자랄 수 있는 날씨를 표로 정리하고, 기후변화에 대비하여 우리가 할 수 있는 일이 무엇인지 찾을 수 있다.
					1	벼가 자라는 환경을 관찰할 수 있다.
	사회	[9사회03-03-01] 생활 주변에서 일어나는 쌀과 관련된 경제 활동의 모습을 관찰하고 우리 생활과의 관련성을 설명한다.	관찰평가	관찰	3	쌀을 수출하고 수입하는 국가가 어떤 국가인지 조사하여 기록하고 식량지도를 완성할 수 있다.
					2	쌀을 많이 소비하고 수입하는 나라가 어떤 나라인지 표를 보고 식량 지도를 완성할 수 있다.
					1	쌀을 많이 소비하는 나라와 수입하는 나라에 대한 지도를 관찰할 수 있다.

프로젝트 활동 평가(개념 기반)		
일반화 내용	식량위기가 우리의 식생활을 위협하고 있으며 이를 대비하기 위하여 우리의 노력이 필요하다.	
핵심질문	식량위기로부터 쌀을 지키기 위해 할 수 있는 일은 무엇인가?	
개념적 렌즈	쌀과 식량위기	
핵심기능	식량위기로부터 쌀을 지키기 위해 할 수 있는 일	
평가방법	구술평가, 관찰평가, 보고서 평가	
평가기준: 수준 \ 요소	쌀과 식량위기(평가5)	쌀을 지키기 위해 할 수 있는 일(평가6)
3	쌀을 자급하지 못할 때 우리나라에서 발생할 수 있는 문제와 기후변화에 따른 영향을 설명할 수 있다.	식량위기에 대처하는 방법 3가지를 말할 수 있다.
2	우리나라에 쌀이 부족하면 어떤 일이 일어나고 기후변화가 쌀에 미치는 영향을 설명할 수 있다.	식량위기에 대처하는 방법을 사진을 보고 설명할 수 있다.
1	기후변화로 인해 피해를 입은 쌀의 모습을 관찰하고, 쌀과 관련된 경제활동을 듣고 관심을 가질 수 있다.	친구와 함께 쌀을 지키는 방법에 대한 사진을 고를 수 있다.

주제	교과	성취기준	성취기준 기반 평가				프로젝트 활동 평가(개념 기반)
			평가방법	평가기준			
				관련성	3	쌀을 자급하지 못할 때 우리나라에서 발생하는 경제활동을 설명할 수 있다.	
					2	우리나라에서 쌀이 부족해지거나, 자연재해가 왔을 때 어떤 일이 발생하는지 설명할 수 있다.	
					1	친구들의 설명을 듣고 쌀과 관련된 경제활동에 관심을 가질 수 있다.	
	진로	[9진로02-04-01] 지역사회에서 접할 수 있는 농업 직종을 탐색한다.	보고서평가	탐색	3	쌀과 관련된 직업을 보고 하는 일을 조사할 수 있다.	
					2	쌀과 관련된 직업에 대한 설명을 듣고 관련된 사진을 선택할 수 있다.	
					1	쌀과 관련된 직종의 사진을 관찰할 수 있다.	
결과 발표	창체	(쌀을 지키는 방법을 안내하는 홍보영상 만들기)	작품평가		3	쌀을 지키는 방법에 대한 소개 글을 녹음하고 적절한 장면에 배치하여 동영상을 완성할 수 있다.	프로젝트 활동 참여도 및 역할수행에 대한 관찰평가
					2	쌀을 지키는 방법을 안내하는 영상에 필요한 사진을 고르고 소리를 녹음할 수 있다.	
					1	자신의 활동사진에 관심을 가질 수 있다.	
닫기	창체	(소감 나누기)	구술평가		3	쌀의 소중함과 쌀을 지키는 방법에 대한 이야기와 자신의 소감을 말할 수 있다.	
					2	쌀 어벤져스 활동을 했던 자료와 사진을 보고, 가장 관심 있었던 자료와 사진을 선택할 수 있다.	
					1	또래들의 이야기를 듣고 쌀을 지키는 방법에 대해 관심을 가질 수 있다.	

주제 1) '벼의 변신'에서는 벼가 꽃과 열매를 맺는 과정을 탐색하고, 열매가 된 쌀의 영양소를 파악하는 활동을 하도록 선정했다. 식물의 수정 과정과 영양소 검출에 중점을 두기보다는 주제인 '쌀'과 관련된 정보를 탐색하고 알아가는 과정에 집중하고자 하였다. 따라서 중학교 과학교과의 성취기준 '[9과학-04-02] 식물의 구조와 기능을 이해한다.'를 주제에 맞게 '[9과학-04-02-01] 벼꽃과 열매의 구조와 기능을 이해한다.'로 성취기준을 수정하였다. 또한 벼의 영양소에 대해서 집중적으로 탐색하기 위해 '[9과학-03-02] 생명유지에 필요한 3대 영양소의 종류와 기능을 이해하고 건강한 식습관을 형성한다.'를 '[9과학 03-02-01] 생명유지에 필요한 3대 영양소의 종류 중 쌀에 들어있는 영양소의 종류와 기능을 이해한다.'로 수정하였다.

프로젝트 활동 평가는 벼의 구조적 특징, 즉 벼꽃과 열매에 대한 특징을 인식하고 있는지, 쌀에 들어있는 영양소 검출 실험을 통해 검출 시약의 색이 달라진 것을 알고, 그 결과를 해석할 수 있는지에 대해 평가한다.

주제 2) '맛있는 쌀'에서는 우리 쌀로 만든 다양한 음식을 탐색하며, 소화도 잘 되고 영양소도 풍부한 '우리 쌀을 먹는 건강한 식습관'을 형성하도록 한다. 이와 더불어 '식품제조업 분야의 직업체험'을 할 수 있도록 활동을 계획하였다. 주제와 관련된 활동을 하는 중에 자연스럽게 '쌀의 무게 재기 활동'도 함께 하도록 구성하였다.

이에 따라 과학교과에서 건강한 식습관과 무게 재기, 진로와 직업교과에서 식품제조업과 관련된 성취기준을 선정하게 되었다. 과학교과 성취기준에서 '[9과학03-02] 생명 유지에 필요한 3대 영양소의 종류와 기능을 이해하고, 건강한 식습관을 형성한다.'는 '[9과학03-02-02] 우리 쌀을 먹는 건강한 식습관을 형성한다.'로 수정하였으며, '[9과학-02-07] 수평 잡기로 물체의 무게를 비교하고, 저울을 이용하여 무게를 측정한다.'는 '[9과학-02-07-02] 저울을 이용하여 쌀의 무게를 측정한다.'로 수정하였다.

진로와 직업교과의 성취기준 '[9진로05-04] 제조업 분야의 직업 체험을 통하여 관련 직업의 특성과 필요한 능력을 파악한다.'에서 제조업에 대한 범위를 좁혀 식품제조업에 대한 탐색을 집중적으로 할 수 있도록 '[9진로05-04-01] 식품제조업 분야의 직업 체험을 통하여 관련 직업의 특성과 필요한 능력을 파악한다.'로 성취기준을 수정하였다.

프로젝트 활동 평가는 주제 2 '맛있는 쌀'의 전반적인 활동을 통해 평가가 이루어진다. 주제 2에서 제시되는 활동의 경우 성취기준별로 별도의 수업이 진행되는 것이 아니라, 무게를 재어보고, 음식을 만들고, 만든 음식을 먹는 일련의 과정으로 진행되기 때문에 활동 중에 관찰평가를 통해 쌀로 다양한 음식을 만들 수 있는지, 쌀로 만든 음식이 우리의 식생활에 어떤 영향을 주는지 알고 있는가를 평가한다.

주제 3) '쌀아 지켜줄게'에서는 벼가 잘 자랄 수 있는 환경과 생장조건들을 알고, 지구온난화, 병충해의 영향으로 발생하는 식량위기 상황과 더불어 쌀과 관련된 경제활동, 쌀과 관련된 농수산업 직업을 탐색하여 문제상황을 인식한다. 그리고 식량위기 문제 상황을 해결하기 위한 방법들을 함께 찾고 실천하는 활동을 한다.

이에 따라 과학교과 성취기준 '[9과학-04-03] 서식지에 따른 식물의 특징과 생활 방식을 조사하고 식물의 생장조건을 이해한다.'를 '[9과학-04-03-01] 서식지에 따른 벼의 특징과 생활 방식을 조사하고 벼의 생장조건을 이해한다.'로 수정하였다. 사회교과의 성취기준 '[9사회03-03] 생활 주변에서 일어나는 경제 활동의 모습을 관찰하고 우리 생활과의 관련성을 설명한다.'를 쌀과 관련된 경제활동으로 범위를 축소하여 '[9사회03-03-01] 생활 주변에서 일어나는 쌀과 관련된 경제 활동의 모습을 관찰하고 우리 생활과의 관련성을 설명한다.'로 수정하였다. 진로와 직업교과 역시 '[9진로02-04] 지역사회에서 접할 수 있는 농수산업 직종을 탐색한다.'를 농업분야로 범위를 축소하여 '[9진로02-04-01] 지역사회에서 접할 수 있는 농업 직종을 탐색한다.'로 성취기준을 수정하였다.

프로젝트 활동 평가는 쌀과 관련된 경제활동에 대한 평가로 농업(쌀 농사)과 관련된 직업을 알고 쌀을 자급하지 못했을 때 어떤 일이 일어나는지에 대해 문제 상황을 인식하고 있는지 평가한다. 식량위기 대응방법에 대한 평가로는 쌀, 지구온난화, 경제활동의 연관성을 알고 식량 위기 대처에 대한 실천방안을 알고 있는지에 대해 평가한다.

결과 발표활동으로 학생들이 사진 찍기, 영상에 사진 배치하기, 목소리 녹음하기 등의 역할을 맡아 쌀을 지키는 방법을 안내하는 홍보영상을 만들어 다른 반 학생들에게 학습 활동의 결과를 공유하도록 하였으며 이를 평가하였다.

Step 3 프로젝트 수업 실행하기

열기(1차시) 우리가 쌀벤져스!

차시	활동 및 내용	관련 교과 및 시수
1/19	♣ **'쌀벤져스' 프로젝트 안내하기** • 쌀로 만든 음식이 무엇인지 확인하기 • '쌀'이 없다면 어떤 일이 생길지 상상하고 이야기 나누기 • 동영상을 보며 기후변화로 인해 쌀 생산량이 감소하는 상황 확인하기 • 뉴스를 보며 '쌀' 대신 '밀가루' 등 다른 작물을 먹는 소비자의 변화 확인하기 • '쌀벤져스' 프로젝트 안내하고, 각자의 캐릭터 정하기	창체 1

'쌀벤져스' 프로젝트에 대한 학습동기를 끌어올리기 위해서 아이들이 평소에 좋아하는 음식을 제시하며 쌀로 만든 음식과 그렇지 않은 음식을 분류하는 활동을 했다. 평소에 자신들이 즐겨 먹는 음식이 등장하니 시작부터 흥미를 보이며 시끌벅적하게 수업을 시작하

게 되었다. 아이들은 쌀 음식이 없더라도 “하루 종일 라면만 먹는 것도 가능해요.”, “아침에는 케이크, 점심에는 칼국수, 저녁에는 빵을 먹으면 돼요.” 등 다양한 의견을 말하였다.

본격적으로 수업에 들어가서 유투브(인싸가족)에서 ‘쌀이 없다면 어떤 일이 일어나는지’에 대한 상황을 드라마로 만들어 놓은 영상을 함께 시청하였다. 정말 쌀이 없다면 어떤 일이 일어날지 아이들과 함께 상상해보고 이야기 나누었더니 아이들의 태도는 조금 더 진지해지고 쌀에 대한 관심이 높아지게 되었다. 이와 더불어 기후변화에 따라 쌀의 생산량이 감소하고, 쌀 대신 밀가루나 다른 작물을 먹는 사람들이 많아지면서 쌀농사를 포기하는 쌀 농가가 많아지고 있다는 뉴스를 제시하였다. 이러한 상황을 제시하며 학생들에게 프로젝트에 대한 책임감을 가지고 쌀을 지키는 어벤져스가 되자고 안내했다. 안내 후 아이들은 각자의 어벤져스 캐릭터를 만들며 ‘쌀벤져스’를 시작하게 되었다.

[‘쌀벤져스’ 캐릭터 만들기]

[유튜브 ‘인싸가족’]

탐색하기(5차시) 벼의 변신

벼의 수확 과정 알아보기(1차시)

차시	활동 및 내용	관련 교과 및 시수
2/19	♣ ‘모모모모모(밤코)’ 책을 읽으며 벼의 수확 과정 알아보기 • 책을 함께 읽기 • 동영상을 보며 ‘벼의 수확 과정’ 알아보기 • 벼의 수확 과정 정리하기	과학 1

간단한 단어들로 구성되어 있는 「모모모모모(밤코)」 그림책은 아이들이 쉽게 따라 읽고 음률을 넣어 재미있게 읽을 수 있도록 구성되어 있다. 재미있는 책을 따라 읽다 보면 어느새 벼의 수확 과정을 재미있게 익히게 되었다. 이 책을 읽으며 프로젝트를 시작하는 시기에 학교 주변에서도 벼 수확이 한창이라 콤바인으로 벼를 수확하는 과정을 실제로 관찰할 수 있었다. 모내기부터 벼를 수확하고 탈곡하는 과정까지 영상으로 보고 벼 수확 과정의 순서에 맞게 사진을 정리하며 활동을 정리했다.

[우리 주변 학교 모습]

'벼'꽃과 '벼'의 열매 관찰하기(2차시)

차시	활동 및 내용	관련 교과 및 시수
3~4/19	♣ **'벼'꽃의 수정 과정 알아보기, '벼'의 열매(쌀) 관찰하기** • 벼꽃 찾기 • 다양한 꽃의 수정 과정 알아보기(열매를 맺는 과정 알아보기)(평가1) • '벼'의 열매 관찰하기, 다른 가을 열매와 특징 비교하기(평가1)	과학 2

벼꽃이 핀다는 것은 아마 대부분의 사람들에게 생소할 것이다. 벼꽃은 화려하지도 않고 향기도 없어 잘 알려져 있지 않을 뿐더러, 벼 하면 대부분 누렇게 익어 고개를 숙인 모습만 연상하기 때문이다. 아이들에게 벼꽃의 사진을 보여주며 벼꽃을 찾아보라고 하면 처음

에는 벼꽃을 찾기 어려워한다. '꽃의 구조'와 '꽃의 수정 과정' 내용을 담고 있는 과학 교과 성취기준 내용을 재구성하여, 아이들과 함께 벼꽃의 생김새와 수정방법에 대해서 구체적으로 내용을 학습하였다.

꽃의 구조는 '암술, 수술, 꽃잎, 꽃받침' 네 가지로 이루어져 있지만 암술이 없는 꽃(호박꽃의 수꽃), 수술이 없는 꽃(호박꽃의 암꽃), 꽃잎이 없는 꽃(맨드라미, 자귀나무, 벼꽃 등), 꽃받침이 없는 꽃(튤립)도 있음을 소개하며 갖춘꽃과 못갖춘꽃을 분류하도록 지도하였다. 이때 벼꽃은 꽃잎과 향기가 없는 못갖춘꽃임을 함께 확인하였다.

꽃들은 열매를 맺기 위해 저마다의 특징에 맞는 다양한 방법(충매화, 풍매화, 조매화, 수매화)으로 꽃가루와 암술이 만나는 꽃가루받이를 한다는 것을 영상과 PPT를 통해 확인하였다. 벼꽃은 작고, 벌과 나비를 유혹할 향기와 꿀이 없어 바람을 이용해 꽃가루받이를 하는 풍매화임을 확인하였다.

열매가 만들어지는 과정이 위와 같음을 확인하고, 쌀과 더불어 가을에 나는 열매를 함께 탐색하였다. 또한 열매가 곡식일 때와 과일일 때의 차이점을 비교하여 정리하도록 하였다. 마지막으로 다 자란 열매가 씨앗을 퍼트리는 방법을 살펴보며 활동을 정리하였다.

'벼(쌀)'라는 중심 주제를 통해 꽃이 열매가 되기까지의 전 과정을 탐색하며 벼의 변신 과정을 살펴보는 활동에 학생들은 집중력 있게 참여하였다.

[벼꽃 찾기]

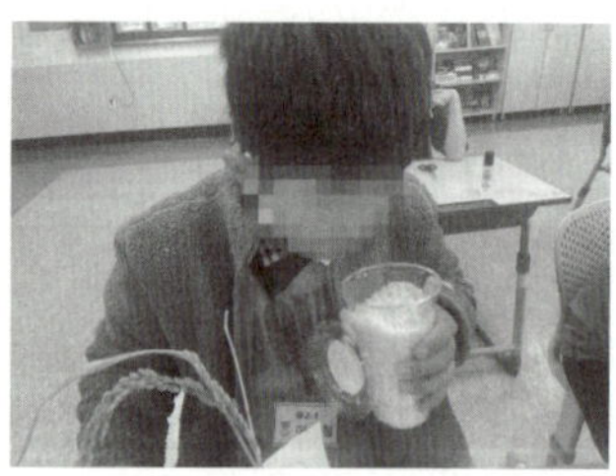

[열매 관찰하기]

'쌀' 속의 영양소 검출 실험하기(2차시)

차시	활동 및 내용	관련 교과 및 시수
5~6/19	♣ '쌀' 속의 영양소 검출하기 • 음식에 들어있는 영양소 알아보기(탄수화물, 지방, 단백질) • 다양한 진단시약을 통한 영양소 검출 실험하기 • 쌀에 들어있는 영양소 검출 실험보고서 정리하기(평가2)	과학 2

쌀에 들어있는 다양한 영양소를 알기 위해서는 배경지식이 필요하다. 탄수화물, 지방, 단백질이 많이 포함된 음식을 소개하며 각 영양소가 우리 몸에 들어와서 하는 일을 설명해 주었다. 아이들에게 익숙한 음식들(밥, 떡, 우유, 계란, 기름)을 제시하였더니 아이들은 음식과 영양소를 쉽게 연관 지었다. 우리 몸에 필요한 탄수화물, 단백질, 지방 모든 영양소를 골고루 섭취하기 위해서는 엄마가 만들어 주시는 음식, 급식소에서 먹는 음식을 편식하지 않고 골고루 먹어야 한다는 것을 이야기하였다.

이러한 배경지식을 바탕으로 쌀가루에 들어있는 영양소 검출 실험을 시작했다. 진단시약을 소개하고 순서에 맞게 진단키트에 각 용액을 넣어 대조군을 만들도록 하였다. 다음으로 쌀가루에 탄수화물, 지방, 단백질을 검출하는 시약을 넣고 대조군과 색깔을 비교하여 아이들이 직접 결과를 관찰하고 실험보고서에 정리할 수 있도록 하였다. 색깔 변화가 두드러지게 나타나 아이들은 변화과정을 쉽게 알 수 있었고, 쌀에 들어있는 영양소를 파악할 수 있었다.

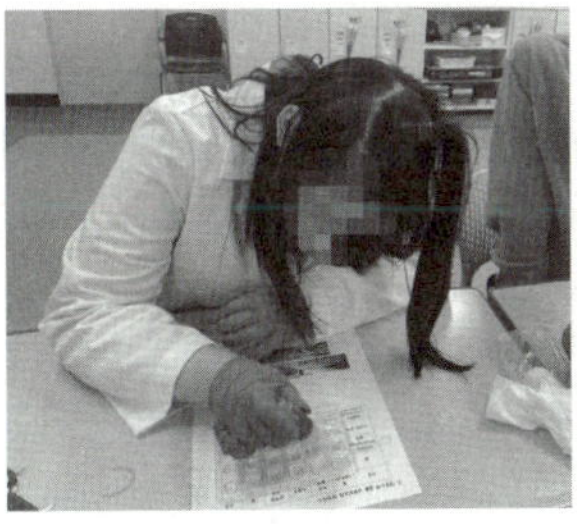

[쌀 영양소 검출 실험하기]

[영양소 검출 실험보고서 작성]

구성하기(6차시) 맛있는 쌀

다양한 우리 쌀(4차시)

차시	활동 및 내용	관련 교과 및 시수
7~10/19	♣ 식단표에 나오는 '쌀' 조사하기 • 학교 급식 식단표에 나오는 쌀 조사하기 • 즉석밥으로 다양한 밥 조리하기, 맛 비교하기 • 우리 쌀로 유부초밥 만들기	과학 2
	♣ 쌀 무게 측정하기 • '의좋은 형제' 이야기와 관련하여 브릭 꾸미기 • 쌀 무게 측정하기(평가3) • 측정한 쌀로 인절미 만들기	과학 2

먼저 쌀의 다양한 종류(백미, 현미, 찹쌀, 흑미 등)에 대해서 설명한 후 아이들이 매일 관심 있게 확인하는 급식메뉴에서 다양한 밥을 형광펜으로 색칠하도록 하고 그중 마음에 드는 밥을 5종류 고르도록 하였다.

아이들은 밥의 색깔을 기억하며 "어제는 초록색 밥이었어요." 하고 이야기하였다. 일상과 연계된 수업을 통해 아이들은 쌀이 다양하게 변신한 다양한 종류의 밥이 있다는 것을 직접 경험하고 일상에서도 "선생님 오늘은 쌀국수가 나왔어요." 하며 밥에 대한 이야기를 하게 되었다.

다양한 즉석 밥을 직접 조리해보고 맛을 비교해보며 순위를 매겨보았다. 흰밥 이외에는 먹기를 거부하는 학생도 있었지만, 학생들은 마치 음식판정단이 된 것처럼 진지하게 밥의 맛을 비교하고 가장 입맛에 맞는 밥을 골라내었다. 고른 밥으로 유부초밥을 만들며 쌀로 음식을 만들어 먹는 활동으로 연결하였다.

[즉석밥으로 다양한 쌀밥 맛보기]

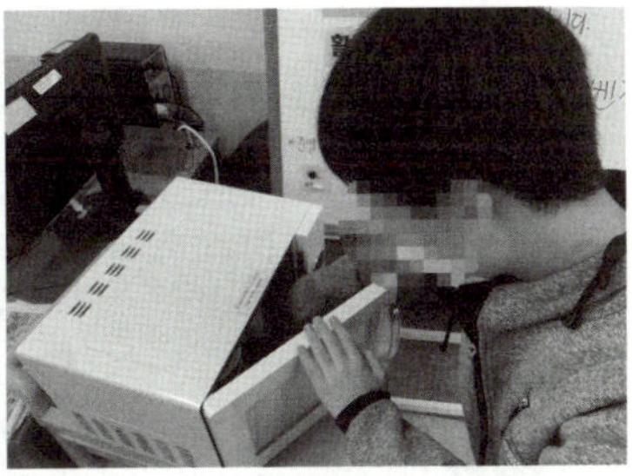

[즉석밥으로 다양한 쌀밥 만들기]

'맛있는 쌀' 활동은 영양소(9과학03-02-02), 무게 측정(9과학02-07-01), 제조업(쌀로 음식 만들기)(9진로05-04-01)의 성취기준의 내용을 모두 아우를 수 있는 수업을 할 수 있었다. 쌀의 무게를 재고, 쌀로 유부초밥, 인절미, 막걸리 등 다양한 음식 만들기 활동을 하고 쌀을 먹는 건강한 식습관에 대해 이야기해볼 수 있었다. 이러한 일련의 과정은 성취기준의 내용에 대하여 분절적인 학습이 아닌 통합적인 학습을 할 수 있었으며, 음식 주제를 바꾸어가며 반복해서 학습할 수 있는 기회가 되었다.

무게 측정하기는 '의좋은 형제' 전래동화를 통해 무게를 측정하기 위해서는 저울이 필요하다는 것을 인식하도록 동기를 유발했다. 아이들의 흥미를 높이기 위해 레고브릭으로 '의좋은 형제' 동화 이야기를 꾸며보며 학습 활동을 시작하였다. 용도에 맞는 저울을 사용하여 액체(조미료), 고체(가루 조미료, 부피가 큰 재료) 물질의 식재료 무게를 측정하고, 측정한 식재료로 떡(인절미) 만들기 활동을 하였다.

[학교 급식 식단표에 나오는 쌀 조사하기]

[쌀 무게 측정하기]

['의좋은 형제' 이야기와 관련하여 브릭 꾸미기]

다양한 우리 쌀 음식-[현장체험학습](2차시)

차시	활동 및 내용	관련 교과 및 시수
11-12/19	♣ **쌀로 만든 다양한 음식 만들기** • 식품제조업에서 하는 일을 알고, 전통주 막걸리 만들기 체험하기(평가4) • 쌀 무게 측정하기	진로 2

쌀로 만드는 다양한 음식을 경험하기 위해 자유학년제 진로탐색활동으로 '전통주 막걸리 만들기 체험활동'을 진행했다.

[쌀 무게 측정하기]

[막걸리 만들기]

[막걸리 발효시키기]

강사님께 쌀이 효모와 만나 전통주가 되는 과정에 대한 설명을 듣고, 쌀의 무게와 효모의 무게를 전자저울로 측정한 후, 재료를 섞어 막걸리를 만들었다. 쌀로 술을 만든다는 사실을 아이들은 굉장히 생소해했다. 3주간의 발효과정을 학교에서 관찰하며 발효하는 과정에서 나는 '뽁뽁' 소리도 들어보는 신기한 경험도 하게 되었다. 발효가 완료된 뒤에는 가정에 가져가서 부모님과 이야기를 나누도록 하였다.

설명하기(5차시) 쌀아! 지켜줄게

기후변화가 쌀에 미치는 영향(2차시)

차시	활동 및 내용	관련 교과 및 시수
13-14/19	♣ 기후변화가 쌀에 미치는 영향 • 식물의 생장조건 알아보기(콩나물 키우기) • 사막과 극지방에서 생존하는 식물 탐색하기 • 쌀의 생장조건 알아보기 • 기후변화로 인해 영향을 받는 쌀의 모습 탐색하기(뉴스, 신문기사) • 기후변화를 줄이는 방법 찾기	과학 2

식물이 잘 생장하기 위해서는 물, 햇빛, 공기, 온도 등 조건이 적절하게 유지되어야 한다. 이 조건을 실제적으로 체험해보기 위해서 콩 발아실험을 하였다.

모든 조건은 같게 하되 '햇빛을 제공한 콩'과 '암막으로 빛을 차단한 콩'을 관찰하며 성장의 차이점을 아이들이 스스로 발견하도록 하였다. 이러한 활동을 통해 아이들은 식물이 잘 자라기 위해서는 물, 햇빛이 필수적으로 필요하다는 것을 알게 되었다.

사막과 극지방에 생존하는 식물에 대한 ppt와 동영상을 통해 식물이 잘 자라지 않는 지역의 이유에 대해서 알아보고, 사막과 극지방에서 자라는 식물의 특징과 종류를 알아보고 분류해보았다.

이러한 배경지식을 바탕으로 식물의 생장조건과 연결하여 쌀의 생장조건을 알아보며 현재 기후변화로 문제가 되는 이삭 발아, 병충해 문제를 뉴스와 신문기사를 통해서 탐색하도록 하였다. 끝으로 지구 온난화를 줄이기 위해 우리가 실천할 수 있는 방법들을 찾아보고 실천해보며 사진으로 기록했다.

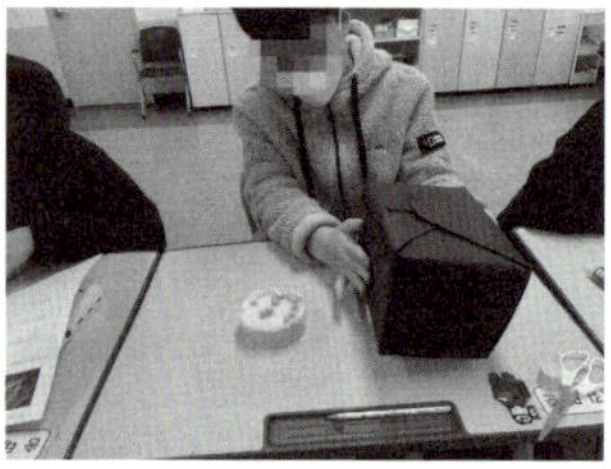

[콩의 발아조건 실험하기]

안 쓰는 콘센트 빼기

계단 사용하기

[지구온난화를 줄이기 위한 방법 찾기]

쌀의 여행(2차시)

차시	활동 및 내용	관련 교과 및 시수
15-16/19	♣ 쌀의 여행 • 올해 시도별 쌀 생산량을 구분하여 지도에 음영 색칠하기 (짙은 색, 옅은 색으로 생산량 구분) • 세계에서 가장 쌀 생산량이 많은 곳을 찾아 지도에 음영 색칠하기 • 쌀을 많이 수출하는 나라와 수입하는 나라를 찾아 화살표로 연결하기(평가5) • 세계적인 식량위기 이유 탐색하기 • 우리 쌀을 지키는 방법 적고 다짐하기	사회 2

쌀농사를 짓고 있는 우리 지역 이외에도 어느 지역이 쌀을 많이 생산하고 있는지, 쌀을 적게 생산하는 지역은 어떻게 살아가는지에 대한 질문을 던지며 학습을 시작하였다.

올해 시도별 쌀 생산량을 살펴보고 지도에 순차적으로 음영을 주어 색칠하도록 했다. 가장 생산량이 많은 지역인 전남을 검은색, 6위를 기록한 우리 지역 경남의 경우 하늘색으로 색칠하도록 하였다(음영표시: 검은색, 갈색, 주황색, 노란색, 연두색, 하늘색으로 표기하도록 함). '가장 많이 쌀을 생산한 지역의 반밖에 안 되는 생산량을 가진 강원도나 섬지역의 경우에는 어떻게 쌀을 먹을 수 있을까?'에 대한 대답은 쉽게 아이들 생각에서 도출할 수 있었다.

국내에서 세계로 시야를 확장하여 전 세계에서 가장 쌀을 많이 생산하는 지역부터 순서대로 음영을 표시하도록 하였다. 세계지도에 관심이 많았던 아이들이라 나라를 찾고 색칠을 하는 것을 어려워하지 않고 재미있게 참여하였다. 금방 20여 개의 나라를 찾아내고 20위를 기록한 대한민국을 찾아내었다. 또한 쌀 생산을 많이 하는 나라에서 쌀을 수출하는 지역으로 화살표를 연결해보면서 쌀이 이동하는 상황을 시각적으로 확인해보았다.

이렇게 쌀이 많이 생산되는데 식량위기가 최근에 많이 언급되는 이유를 탐색하기 위해서 식량 위기에 대한 뉴스 동영상을 시청하였다. 우리나라의 주식인 쌀에 대한 생산량을 일정 수준으로 유지하며 자급하지 않았을 때 값싼 외국의 쌀을 구입할 수 있다고 생각할 수 있으나, 시간이 지날수록 수출국에서는 자국의 이익을 위해 쌀의 가격을 올릴 것이고, 비싼 값을 지불하지 못하면 우리는 품질이 좋지 못한 쌀을 수입하여 먹게 된다는 사실을 알게 되었다. 또한 이로 인해 우리나라 국민이 피해를 받게 되며, 농부들이 직장을 잃게 되는 일이 발생한다는 사실도 확인하였다. 이러한 일을 방지하기 위해 우리가 실천할 수 있는 방법들은 무엇인지 정하고 실천하도록 하였다. 가장 기본적인 방법으로 급식에 나오는 쌀밥 잘 먹기, 집에서 엄마가 해주시는 쌀밥 잘 먹기 등의 실천 계획을 세우며 수업을 마무리했다.

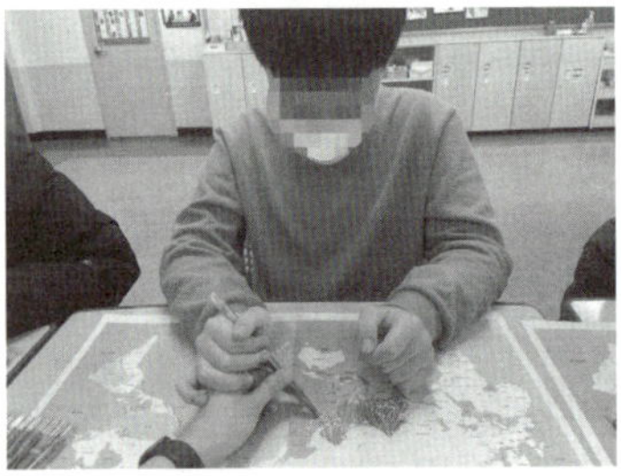
세계 최고 쌀 생산국가에 색칠하기

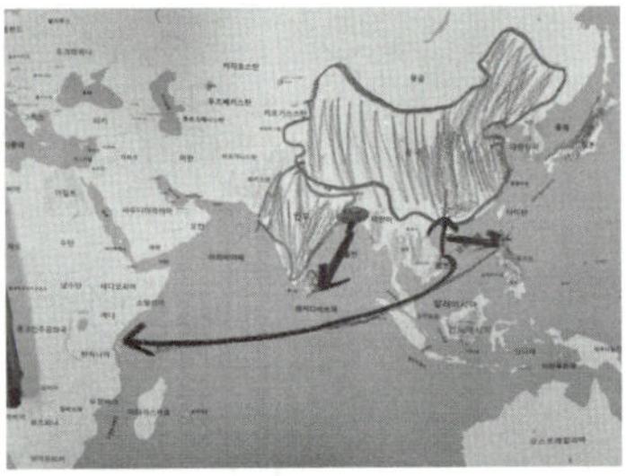
세계 쌀 이동 모습 표기하기

쌀과 관련된 직업(1차시)

차시	활동 및 내용	관련 교과 및 시수
17/19	♣ 쌀과 관련된 직업 알아보기 • 동영상을 통해 농촌과 관련된 직업 알아보기 • 포털사이트 '농사로'에서 농업과 관련된 신규직업 조사하기 • '쌀농쌀업' 쌀과 관련된 직업 보드게임 하기(평가5)	진로 1

쌀농사가 농사만으로 끝나는 것이 아니라 쌀을 이용한 '쌀베이커리', '쌀맥주 주조' 등 연계된 산업이 많이 있음을 동영상을 통해서 알아보고 포털사이트 '농사로(http://www.nongeop.com/)'에서 농업과 관련된 신규직업을 검색해보았다.

이러한 정보를 바탕으로 쌀농사와 관련된 직업을 익히는 보드게임을 실시하여 활동이 지루해지지 않도록 진행하였다. 처음에는 아이들이 농업에 관련된 생소한 직업을 읽어내는 것도 낯설어했지만 보드게임을 2번 정도 반복하니 해당 직업들에 대해 익숙해하며 흥미를 보였다.

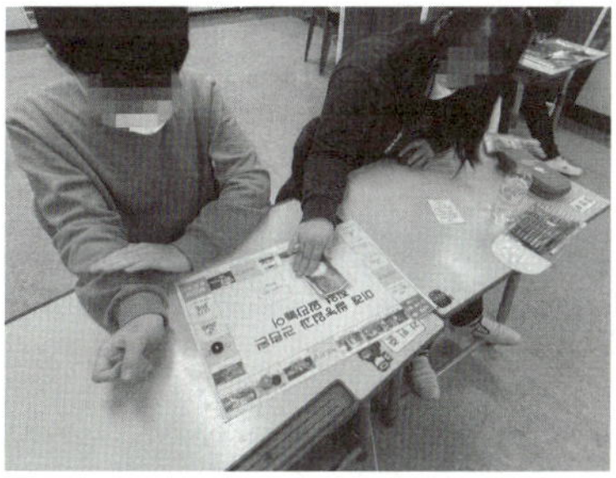

['쌀농쌀업' 직업 보드게임하기]

[농업과 관련된 신규직업 조사하기]

프로그램 닫기(1차시) 프로젝트 공유하기

차시	활동 및 내용	관련 교과 및 시수
18/19	♣ **식량위기에 대처하기 위해 우리가 해야 할 노력** • 식량위기에 대처하기 위해 우리가 해야 할 노력을 실천하기(평가6) • 우리 모두가 실천해야 할 내용들을 동영상으로 만들어 발표하기	창체 1

식량위기 대응을 위해 우리가 해야 할 노력을 실천해보고 사진으로 찍어 학생들과 공유하였다. 그리고 아이들이 직접 동영상 편집 프로그램을 활용하여 '그동안 배운 활동에 대한 영상물과 활동사진'을 영상으로 연결하고 아이들의 목소리를 입혀서 결과 공유 동영상을 만들었다.

자신들의 활동 기록을 영상으로 보며 전반적인 프로젝트 내용을 기억하고, 기후변화와 세계적인 정세, 산업의 영향을 받는 식량위기대응 방법을 상기할 수 있었다.

닫으며(19차시)

프로젝트를 마무리하며 프로젝트 활동에 대한 사진과 공부했던 기록들을 살펴보고 프로젝트를 되돌아보는 시간을 가졌다. 프로젝트에 대한 소감을 발표하며 마무리하였다.

차시	활동 및 내용	관련 교과 및 시수
19/19	♣ '쌀벤져스' 프로젝트 성찰하기 • 프로젝트에 관한 소감 발표하기	창체 1

Step 4 프로젝트 되짚어 보기

쌀벤져스 프로젝트 활동을 기획할 때만 해도 '가을', '쌀'이라는 주제가 너무 단조롭고 평범한 주제가 아닐까 하는 생각이 들었다. 하지만 이러한 주제와 관련해서 식량위기대응이라는 개념을 중심으로 다시 학습내용을 구성하면서 멀게 느껴지는 개념(식량위기대응)에 대한 학습이 '쌀'과 같은 우리의 삶과 맞닿아 있으며 매일 경험하는 것들로부터 학습이 시작되고 사고가 확장된다는 것을 이번 프로젝트를 통해 경험하게 되었다.

그림책 「모모모모모」를 읽고 쌀농사의 과정을 배우고 있을 때 마침 학교 옆 논에서 콤바인으로 모내기를 하고 있어 수업을 잠시 멈추고 농부의 모내기 과정을 관찰하기도 하고, 누렇게 익은 쌀을 만져 보고 관찰할 수 있는 기회가 있었다. 이뿐만 아니라 1교시 신체활동 시간에 학교 주변을 걸으며 늦가을에 정미소에서 벼를 탈곡하는 모습들을 수없이 보게 되었다.

쌀로 다양한 음식을 만들고, 만든 음식을 먹으며 쌀의 중요성을 인식하게 되는 경험을 하였다. 마지막으로 목표에 도달하기 위해서 식량위기에 영향을 주는 지구온난화에 대처하기, 쌀 소비 늘리기 등의 실천 방법을 익히며 프로젝트를 마무리하였다.

프로젝트를 진행하면서 아쉬웠던 부분이 몇 가지 있다.

첫째, 주어진 과학, 사회, 직업의 성취기준을 고려한 학습내용을 욕심 내어 넣다 보니 수업의 흐름이 매끄럽게 이어지지 않는 활동이 있었던 것 같아서 아쉽다. 벼의 변신 과정에서는 벼와 관련하여 꽃의 구조, 꽃의 수정 과정, 열매, 영양소의 검출 과정까지 모든 학습 내용을 담다 보니 학습해야 할 내용도 많아지고 수업을 매끄럽게 이어가기에 어려움도 있었다. 적절한 재구성을 통해 필요한 내용을 넣고, 압축하여 빠르게 넘어갈 부분을 선별하여 수업을 진행한다면 더 좋을 것이다.

둘째, <맛있는 쌀> 부분에서 실제로 음식을 만들어 보는 것도 물론 좋은 경험이지만, 시중에 판매되고 있는 쌀로 만든 다양한 기성 제품들을 수업 시간에 경험해 보았다면 좋았을 것 같다. 시중에 많이 나와 있는 쌀 플레이크, 쌀로 만든 과자, 쌀로 만든 빵 등은 우리가 만들기는 어렵지만 쉽게 살 수 있고 경험할 수 있는 것이기에 수업 시 이러한 자료를 더욱 다양하게 활용했으면 좋았을 것 같다.

셋째, 프로젝트 수업이라 하면 학생들이 스스로 탐색하고 조사할 기회가 많아야 함에도 불구하고 그러한 기회가 많지 않았던 부분이 아쉽다. 농업과 관련된 직업을 조사하는 것도 구조화된 상황에서 '농사로' 사이트에서 직업을 검색해보게 한다든가, 영양소 검출 실험을 통해 쌀에 포함된 영양소 확인하기, 지도를 보며 수확된 쌀이 어떻게 이동하는지 추측하기 등을 생각해 보고 탐구하도록 제시하였지만, 어쩔 수 없이 수업의 일부분에서는 PPT를 이용한 정보 전달식 수업이나 영상을 통해 상황을 제시하는 방법으로 수업을 진행하게 되었다. 학생들의 역량을 고려하여 프로젝트 수업의 특징을 살릴 수 있는 탐구 주제와 방법을 고민하면 좋을 것 같다.

쌀벤져스는 18차시 동안 초가을에서 겨울을 코앞에 둔 늦가을까지 3개월 동안 수업이 진행되었다. 아이들에게 **"우리 무엇에 대해서 공부하고 있지?"**라고 물으면 **"쌀", "쌀벤져스"**라고 답을 한다. 특수학교에서 만난 아이들에게 지난 시간에 공부한 내용에 대해 물었을 때, 듣기 힘든 답변을 들을 수 있어 굉장히 놀라웠고, 아이들의 삶 속에 함께 학습한 내용이 남아있다는 것이 감동이었다. 수업의 나열이 아니라 개념을 기반으로 한 주제 중심 수업을 통해 아이들의 삶 속에 남을 수업을 다시 한번 도전해 보고 싶다.

메타버스를
가르치기
어렵지 않을까요?
가르치려 말아요.
재밌는 부분만
살짝 가져다 쓰세요.
맞아요.

03 메타버스로 공유하는 「쌀벤져스」 프로젝트 수업 : 특수학교(고등)사례

Step 1 프로젝트 수업설계 의도

앞서 기술된 프로젝트 담당 선생님의 <함께 고민하고 기획하여 프로젝트 수업>과 주제 구성은 유사하다. 다만, 학생의 기호와 수준을 고려하여 결과물을 학우들과 선생님들에게 메타버스의 형태로 공유하는 데 목표를 두고 평가 및 결과물 재구조화에 집중하고자 했다. 부산○○학교 소속의 고등학교 2학년 학생들로 구성된 우리 반은 상대적으로 지적장애가 가벼운 학생이 3명, 그 외 3명으로 구성되어 있다.

우리 학생들은 직업교육 중점학교로 운영되는 실기형 직업교육 경험이 많다. 그중에서도 원예 수업을 중학교 1학년 때부터 반복해와서 작물을 기르고 그 과정을 이해하는 데 좋은 경험을 가지고 있다. 1인 1태블릿의 교실 환경이며 학급 홈페이지 및 중점학교 홈페이지를 직접 참여하여 관리해 온 광고마케팅 수업과 연계하여 결과물을 메타버스의 형태로 공유하는 작업으로 확장해 보려 설계하였다.

'쌀벤져스'로 이름 지은 이 프로젝트 활동을 통해,

쌀의 기원이 인도나 중국이라는 오개념도 바로잡고 현대 생활로 인해 경험해 보지 못한 전통 짚공예 등 쌀과 환경에 관련한 다양한 주제를 다루고 탐색, 경험하는 것에 포인트를 두고 '기후 위기'와 국가의 존폐를 좌우하게 된 '식량 위기'까지 자료를 모아 메타버스의 형태로 나누고 변화를 이끌어 보도록 하였다.

Step 2 프로젝트 수업 기획, 운영하기

하나, 계획 한눈에 보기

공동기획이라는 지점을 감안하면 주인공이 되는 출연자만 바뀌는 더블 캐스팅의 뮤지컬을 보는 기분이 들 수 있다. 마치 동어반복처럼 느껴질 수 있으므로 앞 장의 사례에서 언급된 활동과 그 **차이가 구분되는 활동 몇 가지를 더 강조하여 소개하고자 한다.**

배움	활동주제		활동 및 내용	교과(시수)	
식량위기 대응 / 환경보호	열기		■ '쌀벤져스' 프로젝트 안내하기 • 가면 제작하기 • PPT자료용 누끼 캐릭터 제작하기	창체1	1
	탐색하기	벼의 변신	■ 쌀의 기원 팩트 체크 • 인도도 중국도 아니다, 우리가 원조!	창체1	3
			■ '모모모모모' 책 속의 벼 • 오디오북 만들기	과학1	
			■ 쌀과 부산물의 다양한 활용	직업1	
	구성하기	맛있는 쌀	■ 식단표에 나오는 쌀	직업1	4
			■ 쌀의 무게와 가격 계산	수학1	
			■ '쌀'로 만든 음식	직업2	
	설명하기	중요한 쌀	■ '기후변화'와 쌀 • 나라가 없어질 수도 있는 쌀	과학1	4
			■ 쌀과 관련된 직업 • 정말 많은 쌀 관련 직업	직업1	
			■ 쌀로 식량위기 세계지도 그리기	창체1	
			■ 쌀을 지키는 방법 알아보기	직업1	
	행동하기	함께 알아봐요	■ 가상체험으로 해보는 쌀의 여행 • 메타버스로 만드는 퀴즈 (디지털 활용 능력)	직업2	2
	닫기	나눔과 실천	■ 캠페인 나눔과 나눔	창체1	1
					15

Point 1. 쌀벤져스 가면 제작(with 디지털작업)
Point 2. 쌀의 기원에 대한 탐구
Point 3. 식량위기의 연쇄 반응 탐색
Point 4. 쌀과 관련된 전통과 첨단의 직업 소개
Point 5. 메타버스 자료 제작

더불어 이 책이 의도하는 '실천 가능성'을 고려하여 선생님들에게 제안하는 방법을 이어 소개한다.

둘, 평가계획 수립하기

아래 표에서는 교육과정에서 제시하고 있는 성취기준을 프로젝트 활동에 맞추어 수정하고 이 성취기준에 기반한 평가를 진술하고 있다.

(파란색으로 표시된 성취기준은 국가수준 성취기준을 변형한 부분임)

교과	성취기준	성취기준 기반 평가			
		방법	평가기준		
창체		구술평가	표현하기	3	원하는 캐릭터를 정하고 이유를 발표할 수 있다.
				2	원하는 캐릭터를 발표할 수 있다.
				1	원하는 캐릭터를 지적하여 표현할 수 있다.
		상호평가	공감하기	3	급우의 캐릭터와 별명에 공감할 수 있다.
				2	자신의 캐릭터를 인정할 수 있다.
				1	정해진 캐릭터에 관심을 가질 수 있다.
		보고서평가	조사하기	3	스스로 인터넷을 이용해 조사할 수 있다.
				2	인터넷 활용 조사방법 순서도에 따라 조사할 수 있다.
				1	학우와 함께 조사활동에 참여할 수 있다.

교과	성취기준	성취기준 기반 평가			
		방법	평가기준		
과학	[12과학04-02-01] 쌀의 생장과정에서 일어나는 작용을 이해한다.	관찰 평가	관심 호기심 갖기	3	동화책 속의 쌀 재배・수확과정을 설명할 수 있다.
				2	동화책의 쌀 재배・수확과정 표현을 찾아 성장과정을 이해할 수 있다.
				1	동화책 내용을 들으며 쌀 재배・수확 과정에 대한 관심을 유지할 수 있다.
직업	[12진로02-04-01] 지역사회에서 접할 수 있는 농산물 활용 직종을 탐색하고 체험한다.	서술 평가	조사 하기	3	쌀과 부산물에 대해 정보를 조사하고 관련 직종을 탐색할 수 있다.
				2	쌀과 부산물을 활용하는 직업과 관련 사진을 연결 짓고 직종에 관심 가질 수 있다.
				1	급우와 협력하여 쌀과 부산물을 활용하는 직업과 관련 사진을 연결할 수 있다.
직업	[12진로03-02-01] 신체와 도구를 사용하여 복잡한 조리작업을 수행한다.	실기 실습 평가	조리 하기	3	다양한 밥 종류를 구분하고 간편조리기기로 햇반요리를 할 수 있다.
				2	식단표에서 밥을 찾고 간편조리기기를 사용하여 햇반요리를 할 수 있다.
				1	급우와 협력하여 햇반요리를 할 수 있다.
수학	[12수학03-02-01] 계량컵, 저울을 사용하여 쌀의 무게를 측정한다.	서술 평가	계량 하기	3	쌀의 무게를 재고 무게에 따른 가격을 계산할 수 있다.
				2	급우와 함께 쌀의 무게를 재고 무게에 따라 가격 차이가 있음을 알 수 있다.
				1	쌀을 담는 놀이를 하며 양에 따른 무게의 차이에 관심을 가질 수 있다.
직업	[12진로03-02-01] 신체와 도구를 사용하여 복잡한 조리작업을 수행한다.	실시 실습 평가	조리 하기	3	조리기구 사용 방법을 익혀 시루떡을 만들 수 있다.
				2	시루떡 만드는 순서도에 따라 조리기구를 사용하여 시루떡을 만들 수 있다.
				1	급우와 협력하여 시루떡에 필요한 가루를 담을 수 있다.
과학	[12과학04-04-01] 기후변화의 영향을 이해하고, 일상생활에서 환경을 보존하는 태도를 갖는다.	포트폴리오 평가 체크리스트	탐색 하기	3	기후변화와 곡식 재배량의 관계를 조사하며 생활 속 환경보존 방법을 찾아 실천할 수 있다.
				2	유튜브 시청을 통해 기후변화의 원인을 탐색하며 학교에서의 환경보존 방법을 실천하기 위해 노력할 수 있다.
				1	기후변화 관련 영상을 시청하고 생활 속 분리배출에 참여할 수 있다.

<table>
<tr><th rowspan="2">교과</th><th rowspan="2">성취기준</th><th colspan="4">성취기준 기반 평가</th></tr>
<tr><th>방법</th><th colspan="3">평가기준</th></tr>
<tr><td rowspan="3">직업</td><td rowspan="3">[12진로02-04-01]
지역사회에서 접할 수 있는 농산물 활용 직종을 탐색하고 체험한다.</td><td rowspan="3">실기 실습 평가</td><td rowspan="3">조사하기</td><td>3</td><td>쌀 재배에 관련된 직업을 조사하고 텃밭을 가꿀 수 있다.</td></tr>
<tr><td>2</td><td>쌀과 관련된 직업과 카드를 연결하여 익히고 텃밭활동에서 자신의 역할을 수행할 수 있다.</td></tr>
<tr><td>1</td><td>쌀과 관련된 직업 그림퍼즐을 맞추며 농산물 활용 직종에 관심을 가질 수 있다.</td></tr>
<tr><td rowspan="3">창체</td><td rowspan="3">-</td><td rowspan="3">보고서 평가</td><td rowspan="3">조사하기</td><td>3</td><td>식량위기 지도를 완성하고 내용을 설명할 수 있다.</td></tr>
<tr><td>2</td><td>식량위기 지도를 채색하여 그 변화를 알 수 있다.</td></tr>
<tr><td>1</td><td>식량위기 지도 그림퍼즐을 맞출 수 있다.</td></tr>
<tr><td rowspan="3">직업</td><td rowspan="3">[12진로01-01-01]
자기와 가족에 대한 정보를 파악하고 기록한다.</td><td rowspan="3">포트 폴리오 평가</td><td rowspan="3">발표하기</td><td>3</td><td>우리 가족 밥상 사진을 찍고 메뉴를 설명할 수 있다.</td></tr>
<tr><td>2</td><td>가족과 협력하여 우리 가족 밥상 사진을 찍고 발표할 수 있다.</td></tr>
<tr><td>1</td><td>가족과 협력하여 찍은 우리 가족 밥상 사진을 보여줄 수 있다.</td></tr>
<tr><td rowspan="3">직업</td><td rowspan="3">[12진로03-06-01]
스마트 기기를 쌀과 환경보호 활동 관련 정보의 공유 및 활용에 이용한다.</td><td rowspan="3">작품 평가</td><td rowspan="3">자료 제작 하기</td><td>3</td><td>스마트기기를 활용하여 메타버스 퀴즈를 제작하여 쌀과 관련된 환경보호 활동을 나눌 수 있는 가상체험 콘텐츠를 제작할 수 있다.</td></tr>
<tr><td>2</td><td>급우와 협력하여 스마트기기를 활용하여 메타버스 퀴즈를 제작하기 위한 그래픽 작업을 할 수 있다.</td></tr>
<tr><td>1</td><td>쌀과 관련된 환경보호 활동 가상체험 콘텐츠 제작을 위해 지정위치에서 모델이 되어 포즈를 취할 수 있다.</td></tr>
<tr><td rowspan="3">창체</td><td rowspan="3">-</td><td rowspan="3">관찰 평가</td><td rowspan="3">공유하기</td><td>3</td><td>스스로 교내 메신저를 활용하여 캠페인활동을 할 수 있다.</td></tr>
<tr><td>2</td><td>이웃학급에 자료를 전하고 캠페인활동을 할 수 있다.</td></tr>
<tr><td>1</td><td>이웃학급에 급우와 함께 자료를 전달할 수 있다.</td></tr>
</table>

앞서 제시된 프로젝트 활동 개념 기반 평가 항목과 중복되는 부분을 제외하고 직업 부분의 성취기준인

[12진로03-06-01]
스마트 기기를 쌀과 환경보호 활동 관련 정보의 공유 및 활용에 이용한다.

에 대해 평가계획을 아래와 같이 구성하였다.

프로젝트 활동 평가(개념 기반)			
평가기준	요소 / 수준	정보 활용과 퀴즈 제작 (평가1)	가상체험 콘텐츠 제작 (평가2)
	평가방법	관찰평가	관찰평가
	3	프로젝트 주제 활동을 종합하여 8가지 이상 요소를 말하고 퀴즈의 형태로 제작할 수 있다.	가상체험 콘텐츠 제작을 위한 ZEP의 주요 기능을 활용할 수 있다.
	2	프로젝트 주제 활동을 종합하여 5가지 이상 요소를 말할 수 있다.	친구의 도움을 받아 가상체험 콘텐츠 제작을 위한 ZEP의 주요 기능을 활용할 수 있다.
	1	퀴즈를 제작하는 과정에 필요한 포즈를 취할 수 있다.	친구와 함께 ZEP퀴즈를 이용할 수 있다.

앞서 진술된 프로젝트 팀의 내용과 특별히 다른 점은 메타버스활동을 구성, 실행한 것이다. 아래에서 설명하는 바대로,
주제 3) '함께 알아봐요'에서는 벼와 그 부산물을 활용한 다양한 탐색 및 실습 활동으로 배운 것들로 시작하여 '기후 위기'까지 연결되는 다양한 환경 이슈의 정보를 모아 **수준별 퀴즈를 만들어 다른 사람들에게 알리고 실천적 공유를 하는 활동을 구성하여 진행하였다.** 그래서 직업 교과에서 '[12진로03-06] 스마트 기기를 직장 생활의 대인관계 유지와 업무 관련 정보의 공유 및 활용에 이용한다.'를 가져와 '[12진로03-06-01] 스마트 기기를 쌀과 환경보호 활동 관련 정보의 공유 및 활용에 이용한다.'로 수정 적용하였다.

성취기준과 연관시켜, 프로젝트 활동 평가는 프로젝트 활동의 주제를 정리하여 전달하고자 하는 메시지를 종합한 퀴즈를 구성하고 스마트 기기인 태블릿으로 가상세계 콘텐츠 제작 앱인 'ZEP'을 활용하여 함께 만든 퀴즈를 하나의 출력매체인 전자칠판에 띄워 점검, 실행해 보는 것으로 진행하였다.

우리 반은 1인 1태블릿의 인프라를 활용하여 학생 개인의 태블릿으로 작업하는 것이 가능하였다.

함께 만든 '쌀벤져스' 메타버스 퀴즈를 풀고 있는 학생

활동 결과를 취합하고 수준에 맞게 발표하는 학생들이 역할을 나누어 Zep방 만들기, 퀴즈 텍스트 입력하기, 아이콘이 되어 캐릭터 사진 찍기 등의 다양한 역할을 맡아 웹주소를 통한 공유로 실시간으로 동시 접속하여 메타버스 활동으로 결과를 공유하고 실천하는 태도를 나누는 과정을 관찰하여 평가하였다.

Step 3 프로젝트 수업실행 살펴보기

Point 1. 쌀벤져스 가면 제작(with 디지털작업)

주제 (차시)	활동 및 내용	관련 교과 / 시수
열기 (1/15)	• '쌀벤져스' 프로젝트 안내하기 - 쌀과 나비효과를 이용한 동기유발하기 - 쌀벤져스 역할 정하기 - PPT자료용 누끼 캐릭터 제작하기 - 가면 제작하기 캡틴 라이스(강성○, 리더, 조리), 쌀크(이효○, 자료배분) 라이스맨(우지○, 발표기억돕기), 쌀토르(강두○, 인터넷조사), 탈곡스(김은○, 자료배분), 블랙라이스(홍혜○, 돕기)	창체 / 1

유명한 영화에서 차용해 온 콘셉트로, 교실 내 다양한 특성을 가진 학생들과 함께 캐릭터를 나누고 각자가 관심 있거나 어렵지 않게 시작할 수 있는 역할을 협의하여 '쌀벤져스' 프로젝트에 필요한 가면을 만들었다.

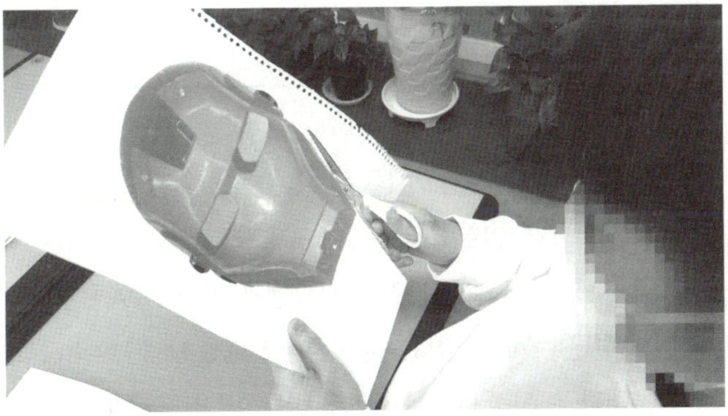

자신이 맡은 '아이언맨' 가면을 오려서 만들고 있는 학생

두꺼운 스케치북 종이 위에 인터넷에서 찾은 캐릭터를 얼굴 크기로 확대하여 A4지로 출력하여 붙이고 오려서 가면을 제작하였다.

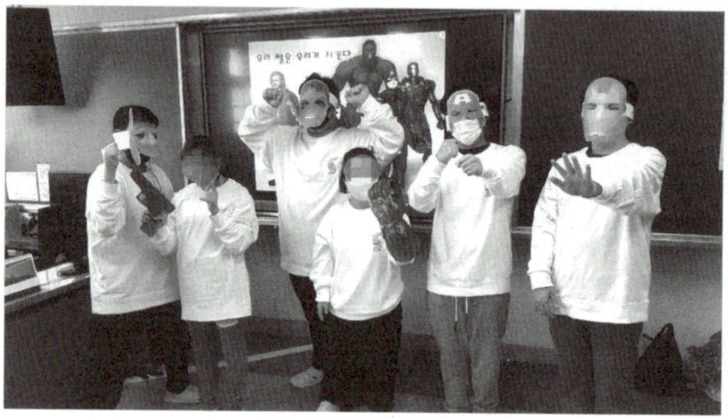

가면을 만들어 쓰고
포즈를 취하는 쌀벤져스
(캡틴 라이스, 쌀크, 라이스맨,
쌀토르, 탈곡스, 블랙라이스)

가면 활동은 시작하는 시점에서 놀이처럼 접근하여 동기를 유발하는 데 포인트를 두었다.

Point 2. 쌀의 기원에 대한 탐구

주제 (차시)	활동 및 내용	관련 교과 / 시수
벼의 변신 (2/15)	■ 여러 곡식과 우리들의 쌀 • 인도와 중국에서 건너온 우리들의 쌀 조사하기 • 다른 곡물과 비교하기	창체 / 1

쌀의 기원에 대해서는 교사들도 오개념을 가지고 있는 경우가 적지 않다.

나부터도 중국과 인도에서 쌀이 우리나라로 전해 들어온 것으로 알고 있었다.

1994년 오창산업단지 개발이 시작됐고 1997~1998년까지 충북대 발굴팀이 청주 소로리 볍씨를 발견하게 되었다. 출토된 볍씨에 대해 우리나라 연구진은 객관성을 확보하기 위해 서울대학교 AMS(방사선탄소연대측정) 연구실과 미국 애리조나 주립대 및 미국의 지오크론(GeochronLab.) 연구실 등 국내외 4곳 연구실에 연대 측정을 의뢰하여 가속기 질량분석 결과 청주 소로리 볍씨는 약간의 차이는 있지만, 모든 연구실에서 약 12,000여 년에서 약 15,000년, 볍씨가 가장 많이 발견된 토탄층[1]은 약 12,500~15,000년이라는 연구 결과가 나왔다.

기존 중국 후난성의 볍씨 11,000~12,000년 전	<	청주 소로리 볍씨 15,000년 전

이 프로젝트 활동 속에서 학생들과 유튜브나 학술자료를 찾을 수 있었고 가장 오래된 쌀로 우리나라의 소로리 볍씨가 이미 2003년 영국의 BBC방송을 통해 알려졌고 2004년 세계 고고학 개론서 'Archaeology'에 언급되며 학술적으로 인정받았다는 사실을 함께 확인했다.

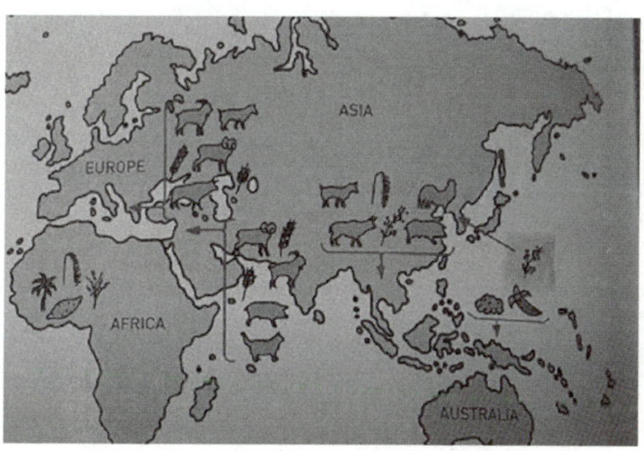

쌀의 기원을 표시하고 있는 서적의 자료 (출처: Archaeolog. 2004)

1) 토탄층(土炭層)이란 '부패와 분해가 완전히 되지 않은 식물의 유해가 진흙과 함께 늪이나 못의 물 밑에 퇴적한 지층'을 말한다.

아주 오래전부터 우리나라는 쌀을 재배해 왔고 쌀을 이용한 다양한 음식과 제품을 생산하게 된 기술도 가지게 되었다는 자부심을 함께 가질 수 있는 활동이었다. 그리고 함께 탐색한 자료를 이용해 QR코드도 만들어 보며 개인 태블릿에 접속하는 체험도 할 수 있어서 좋았다.

소로리볍씨 정보

학생들과
함께 만든 QR코드

[Tip] 네이버 QR코드 제작방법

네이버 QR코드 - 나만의 QR코드 만들기 - 기본정보(코드 제목 등) 입력 -
- 사이트 주소(링크로 바로 이동 선택) - 코드 저장(그림 파일 가능)

Point 3. 식량위기의 연쇄 반응 탐색

주제 (차시)	활동 및 내용	관련 교과 / 시수
쌀아! 지켜줄게 (9/15)	■ '기후변화'와 쌀 • 기후변화와 쌀의 상관관계 알아보기 • 곡물 수확량이 우리에게 미치는 영향 알아보기 (나라가 없어질 수도 있다고?)	과학 / 1

기후변화는 이제 위기가 되었고 실감하지 못하는 수준이 아니라 당장 우리의 지갑 사정까지 어렵게 만들고 있다. 나아가 국가적 어려움으로 난민이 발생하는 상황까지 왔다.

곡창지대였던 유럽 국가에서 농사가 되지 않아 직업을 잃고 목숨을 걸고 바다를 건너 밀입국하는 난민들이 이슈가 되고 있다. 특히 아프리카에선 기후변화 충격을 더 심각하게 걱정해야 하는 상황이다.

유엔 인도주의업무조정국(OCHA)은 지난달 25일 보고서에서 '아프리카의 뿔(북동부 지역)'이 40년 만의 최악의 가뭄으로 고통받고 있다고 전했다.
이 지역에서는 최소 1천940만 명이 2020년 10월부터 시작된 가뭄의 영향을 받고 있다. 이 중 에티오피아와 케냐, 소말리아에선 최소 1천860만 명이 극심한 식량 불안에 시달리고 있다. 이런 인구는 오는 9월에 2천만 명에 이를 것으로 전망됐다(연합뉴스 기사 발췌. 2022.08.05).

우리나라도 사각지대는 아니다. 한 나라의 존폐 위기까지 거론되는 이 기후 위기와 식량의 문제를 '우리는 얼마나 현실을 자각하고 있을까'라는 질문으로 이 활동을 구성하였다.

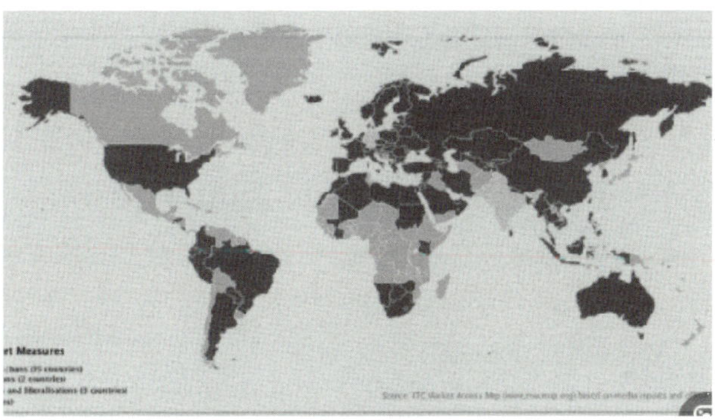

진한 먹색 부분이 식량위기에 직면한 나라들이다.

학생들과는 씨앗의 중요성에 대해서도 이야기를 나누었다.

"씨앗이 없다면 어떻게 해야 할까요?"

원예 수업을 하며 구매한 여러 씨앗들이 거의 다 수입되고 있고, 우리나라가 IMF를 거치며 어쩔 수 없다는 이유로 외국으로 팔아버린 씨앗 회사들 때문에 언젠가는 씨앗이 부족해 우리들의 밥상이 위험해질 수 있다는 사실도 함께 이야기를 나누었다.

Point 4. 쌀과 관련된 전통과 첨단의 직업 소개

주제 (차시)	활동 및 내용	관련 교과 / 시수
중요한 쌀 (10/15)	■ 쌀과 관련된 직업 • 쌀과 관련된 전통적인 직업(재배, 농약, 기계, 배송, 판매 등) 조사하기 • 농업에 관련된 첨단의 직업(농업드론조종사, 스마트팜 전문가 등) 조사하기	직업 / 1

전통적인 농업에서도 수많은 직업이 협업하여 우리의 밥상을 완성한다. 더불어 첨단의 시대에 변화하는 직업까지 알아본다면 흥미 있는 주제 활동이 되겠다고 생각했다.

벼농사라고 하면
우리는 혹시
이런 설명만
하고 있지 않은가?

■ 전통적인 농업(벼) 관련 직업 알아보기

전통적으로 우리의 밥상으로 쌀을 포함한 농산물들이 음식이 되어 오르는 과정에 관련된 직업을 탐색하며 의미 있는 직업탐색의 기회로 삼을 수 있었다.

농업이 가지는 대표적 기능은,

1. 먹거리 공급
2. 홍수방지 및 환경보전
3. 농촌 지역사회 유지
4. 전통문화 계승 및 발전

으로 크게 나누어 볼 수 있다.

직업 이야기와 함께 학생들과 이러한 기능에 대해서도 즐거운 이야기를 나누었다.

농기계전문가

농약전문가

배송기사

농산물판매업

위의 대표적인 직업들도 처음 듣는 학생들이 많았다.

농부들이 논과 밭에서 재배한 벼들을 쌀로 바꾸는 정미소도 언급하고, 요즘에는 농협 하나로마트 같은 곳에서 바로 정미해서 팔기도 한다는 것을 알려주었다.

"여러분, 마트에 포대로 포장된 쌀들은 누가 시골에서 가져왔을까요?"
"우리 실습장에서 벌레 봤죠, 벼에 생기는 벌레는 어떻게 할까요?"
라는 질문으로 시작한 다양한 이야기들은 농약을 파는 곳, 경운기와 트랙터를 고치는 농기계 전문가와 배송기사님까지 확장되어 즐거운 세상 이야기로 함께할 수 있었다.

더 나아가 첨단농업으로 변화하는 시대상을 반영하는 직업에 대해서도 알아보는 시간을 가졌다.

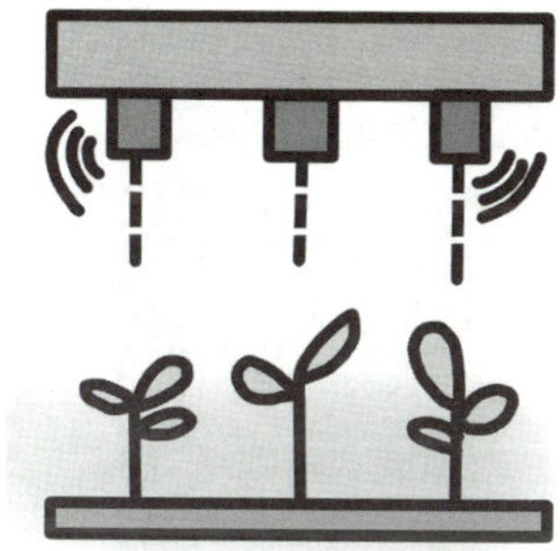

스마트팜구축가

정밀농업기술자

유기농업전문가

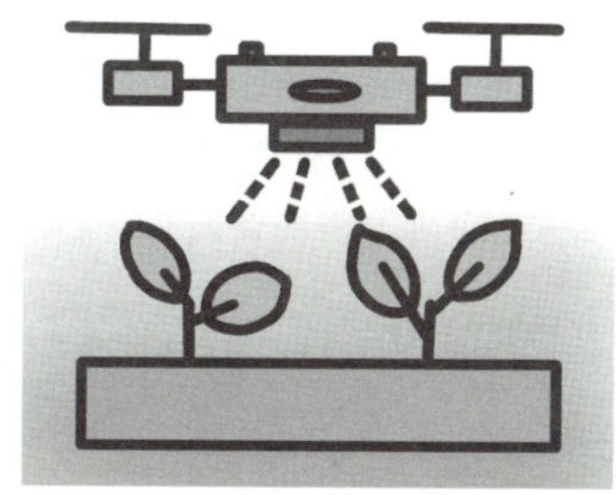

농업드론조종사

위의 최신 직업들을 탐색하는 과정에서 '기후 위기'로 인해 변화하는 농업환경을 고려하고 인력을 최소화하며 첨단의 기술을 활용하는 다양한 직업에 대해서도 알아보았다. 또한 앞으로 우리의 먹거리를 스스로 지키는 방법에 대해서도 이야기를 나누는 의미 있는 시간을 보낼 수 있었다.

Point 5. 메타버스 자료 제작

함께 만든 메타버스 퀴즈를 전자칠판에 띄우고 설명하고 있는 학생

메타버스는 그야말로 핫한 주제이다. 프로젝트 활동을 통해 전통적인 기법의 수업활동을 나누는 것도 중요하고 교과에서 다루고 있는 단원을 연계 확장하여 배우는 것도 참 중요하지만 여기에 게임과 같은 도구적 요소도 잘 융합하면 학생들이 집중하는 효과를 확실하게 느낄 수 있어서 소개한다.

예전에 유행했던 싸이월드의 느낌으로 화면이 구성되어 있으며 구글 계정으로 로그인이 가능하다.

'쌀벤져스' 프로젝트 활동을 정리하는 단계에서 무료 프로그램인 'ZEP'에 구글 계정을 하나 만들고 시작한 메타버스 활동은 이제는 전교에서 퀴즈를 주도해서 진행할 만큼 학생들에게 성취감을 주고 있다.

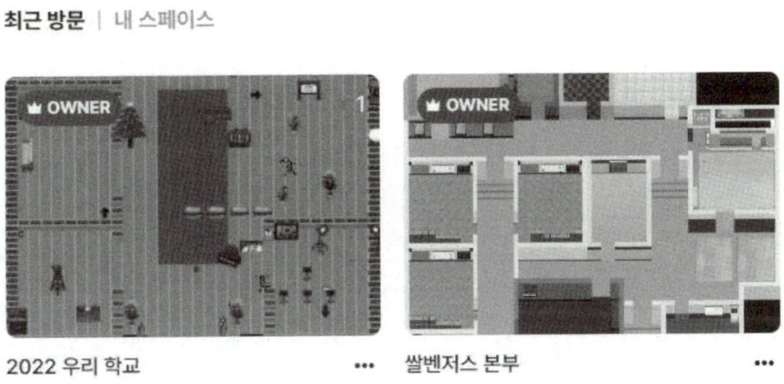

우리 학생들과 함께 만든 메타버스

ZEP을 이용해 만든 메타버스 퀴즈방은 그동안 우리가 자주 사용해 본 ZOOM의 기능을 거의 다 지원하며 재미있는 리액션도 아바타처럼 캐릭터에게 시킬 수 있다.

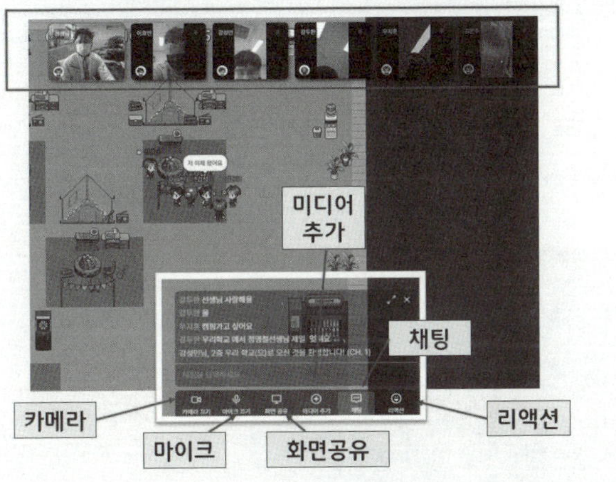

- 카메라로 실시간 화상 보기
- 마이크 사용으로 말하기
- 화면공유, 미디어 추가
- 채팅
- 리액션

각자의 태블릿으로 로그인하면 손가락 터치로 조종하여 나만의 캐릭터를 움직이게 할 수 있다. 정답문으로 통과하며 그동안 배운 내용을 확인하고 강화해 주는 활동으로 구성하였다.

메타버스 퀴즈는 쌀벤져스 활동을 종합하여 정리하며 총 10문제로 구성하였으며 아래와 같다.

1번 문제. 세계 최초의 쌀이 발견된 곳은? (대한민국)
2번 문제. 동화책 '모모모모모'의 맨 끝에 나온 말은? (잘 먹겠습니다.)
3번 문제. 볏짚으로 할 수 있는 활동이 아닌 것은? (맛있게 먹기)
4번 문제. 쌀로 만들 수 있는 것이 아닌 것은? (우주선)
5번 문제. 쌀의 수확량이 점점 줄어드는 이유는? (지구온난화)
6번 문제. 쌀과 관련된 현재의 직업이 아닌 것은? (네일아티스트)
7번 문제. 아래 그림의 직업을 찾아보세요. (농업드론조종사)
8번 문제. 우리 급식 메뉴 중에 쌀을 사용하지 않은 것은? (과일 샐러드)
9번 문제. 환경을 보호하기 위해 우리들이 할 수 있는 일은? (음식 안 남기기)
10번 문제. 지구가 1도 더워지면 10%씩 급격히 감소하는 것은? (쌀 생산량)

메인으로 처음 만든 방에서 다른 방으로 이동하는 아이콘을 이용해 아래의 그림처럼 동그라미로 표시된 캐릭터를 이동시켜 '쌀벤져스 퀴즈방으로'라는 글자 위로 들어간다.

나의 아바타가 퀴즈방으로 들어가는 장면

이렇게 퀴즈방으로 입장하면 10개의 문제를 풀 수 있는 퀴즈방에 들어가게 되고 칠판에 적힌 문제(①)를 보고 프로젝트 활동 중에 촬영한 학생 본인의 가면을 쓴 캐릭터가 주는 힌트(②)를 보며 4개의 문 중에서 정답문(③)으로 들어가면 된다.

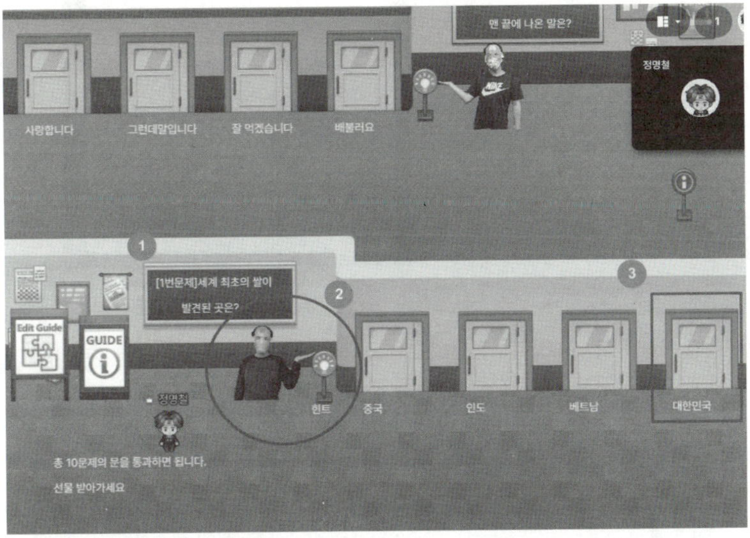

메타버스 '쌀벤져스' 퀴즈방 시작화면

②번 학생의 힌트 앞에 서면 퀴즈를 풀기 위한 힌트 자료가 자동으로 나오도록 했다.

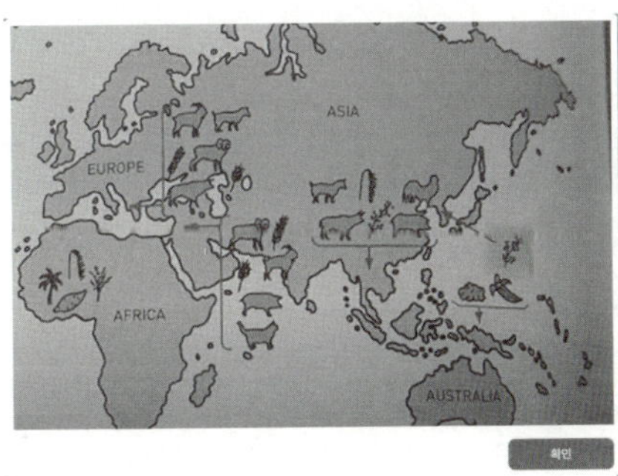

힌트 화면으로 제공되는 쌀의 기원을 '대한민국'으로 표시한 지도 그림

이 문제의 정답인 '대한민국'이라고 적힌 정답문으로 캐릭터를 들어가게 하면 정답과 관련된 자료로 청주 소로리 볍씨를 소개하는 사이트로 이동하도록 구성하였다.

정답을 확인하고
추가 설명을 제공하는
사이트가 열린 장면

이런 방식으로 10개의 문제를 구성하고 마지막 문제를 풀고 나면 본인의 점수를 확인할 수 있도록 화면을 구성하였다.

마지막 문제를 풀고 중앙 무대에 올라가서 점수를 확인하는 장면

학생들과 함께 사진을 찍으며 캐릭터를 만들고 문제 글을 직접 타이핑하는 기회를 주고 실시간으로 전자칠판에서 여러 학생의 얼굴을 보며 문제를 풀어보며 신나게 정리 활동

을 했던 기억이 난다. 이런 경험은 동아리 활동으로 진행했던 통일교육 퀴즈 행사에도 도입하여 전교생이 즐길 수 있었던 좋은 기회가 되었다.

여러분도 함께 도전해 보는 것은 어떨까?
스마트폰이나 태블릿을 들고
이 QR코드를 찍어보자.
이 책을 읽으며 배운 정보를
기억한다면 여러분도
10점 만점을 받을 수 있지 않을까?

쌀벤져스 퀴즈방으로

Step 4 프로젝트 되짚어 보기

여러 과목에서 연계점을 찾고 관련 단원, 주제들로 프로젝트를 진행하며 자료를 준비하는 시간이 생각보다 많이 걸려서 고단했던 기억이 난다. 하지만, 교과서의 부족한 자료를 보충하고 흥미를 유발하며 수업 시간을 공유했다는 점에서는 분명히 의미 있는 시간들이었고 교사로서 뿌듯함도 느낄 수 있었다.

쌀벤져스라는 멋진 이름을 짓고 가면을 쓰고 멋진 폼으로 촬영하며 시작했을 때는 학생들이 눈을 반짝이며 너무도 즐거워했었고 쌀의 기원이 중국이나 인도가 아닌 우리나라였다는 사실을 교사인 나도 바로잡을 수 있어서 좋았다. 식단표를 좀 더 꼼꼼히 살펴보며 생활 속에서 너무도 익숙해진 정보를 재구성하는 과정도 일상생활의 정보를 활용하는 기술과 경험을 제공할 수 있어 좋았고 오디오북으로 '모모모모모'를 만들어 보고 느리게 느껴 왔지만 치명적으로 진행되고 있는 기후 위기를 실감하고 당장 '음식 남기지 않기'라는 작지만 중요한 습관을 이해하고 실천하는 계기를 학생들에게 나눌 수 있어서 교육적으로 의미 있는 시간이었다.

'메타버스 세상이 그렇게 빨리 오지는 않겠지, 내가 뭘...'이라고 생각했던 시간이 지나고 이제는 자신 있게 동료들에게 제안하고 교실에서 실천할 수 있어서 그 또한 프로젝트 활동의 선한 영향력이 아니었을까 다시 생각해 본다.

에필로그

앙투안 드 생텍쥐페리는 **"완벽함은 더 이상 채울 게 없는 것이 아니라, 더 이상 뺄 것이 없는 상태이다."**라고 말했습니다. 교육과정 행동학교 선생님들과 개념 기반 교육과정을 배우며 이 말에 담긴 의미를 이해할 수 있었습니다. 아무것도 안 하는 것보다 실패하더라도 시도를 두려워하지 않는 교사가 되기를 소망하며 이 책이 여러 분들이 만들어 갈 교사교육과정에 조금이나마 도움이 되기를 바라봅니다.

- 한경화 -

'배우기만 하고 생각하지 않으면 얻는 것이 없고, 생각만 하고 배우지 않으면 위태롭다.' 「논어」 위정편에 나오는 말입니다. 교사는 과거의 것을 배워 지금, 이 시대를 살아가는 학생들을 가르칩니다. 어쩌면 우리는 배운 것을 당연하게 생각하고, 경험의 누적을 완전함으로 오해하는 오류를 범하고 있을 수도 있습니다. 이 책은 이와 같은 오류를 줄이는 데 도움을 줄 것입니다. 배운 것에 깊이를 더하고, 경험한 것에 신뢰성을 부여해 줄 것입니다. 배움과 실천이 조화로운 전문성 있는 교사가 되기 위해 노력하는 선생님들의 책상 위에 이 책이 놓여 있기를 기대합니다.

- 김동인 -

'교사교육과정은 거대한 선물상자이다.' 한번에 다 꺼낼 수도 없고 끝없이 계속 선물이 나오는 그런 큰 선물상자처럼 말입니다. 하면 할수록 아이들도 재밌고 교사도 재미있는 수업은 바로 교사교육과정이 주는 힘이라는 것을 느끼게 되었습니다. 동료들과 함께 교사교육과정에 대해 도전하고 실천해보면서 '나도 할 수 있다'는 용기를 얻으시기를 바랍니다. 제가 그랬던 것처럼요.

- 조수민 -

La vita e troppo breve per non avere il tempo di fastidio. '인생은 짧아서 하기 싫은 일을 할 시간이 없다'는 뜻의 이탈리아 속담입니다. 내가 정말 하고 싶어서 했던 시간들의 수업 실천 사례들을 가감 없이 솔직하게 담으려고 노력했습니다. 이 책은 함께하는 동행의 즐거움을 알게 해 준 실천하는 행동 학교 선생님들과 즐겁게 만들어 간 개념 기반 공동 프로젝트 수업에 관한 이야기입니다. '**진짜 하고 싶은**' 선생님들에게 이 책이 선생님의 교사교육과정 실천에 조그마한 길잡이가 될 수 있기를 소망합니다.

- 이현희 -

'**시작이 반이다.**' 시작하기가 어렵지, 시작만 하면 끝마칠 수 있다는 용기를 북돋는 말입니다. 많은 연수를 듣고, 많은 책을 봤다고 할지라도 시작하지 않으면 의미가 없다는 의미일 수도 있습니다. 이 책은 개념을 기반으로 하는 학생 맞춤형 교사교육과정을 시작하는 데 도움이 되고자 만들어졌습니다. 일단 따라서 시작해 보시기를 권해드리며, 시작을 통해 변화될 선생님의 전문성 성장을 응원합니다.

- 이광희 -

일상의 행복을 알게 된 시간들이었습니다. 행복과 긍정의 에너지를 담아 학생이 학교에서 필요로 하는 것들이 무엇인지 고민했던 시간들을 정리했더니 이렇게 의미 있는 결과물을 낼 수 있었습니다. 내일이라는 시간이 어떻게 펼쳐질지 알 수 없으나 저는 현재의 시간에 진심을 다하는 오늘을 살아가겠습니다. 이 책을 접하게 되신 모든 선생님께 감사드리며 뜨거운 지지와 응원을 아낌없이 드립니다.

- 이수경 -

| 지은이 소개 |

한 경 화

현) 경상남도교육청 장학사

현) 티처빌원격교육연수원 '특수교육 수업레시피' 연수 강사

현) 국립공주대학교 특수교육종합연수원 '온통배움터' 직무연수 강사

현) 실천하는 특수교사 행동연구회 회장 <https://cafe.naver.com/specialmove>

학생들과 학부모, 동료 교사와 행복한 동행을 꿈꾸며, 「교사의 질이 곧 교육의 질이다」라는 교육철학으로 학교 및 교사 수준 교육과정과 IEP와 연계한 교육과정-수업-평가 일체화, 전문적 학습공동체 활성화에 관심이 많으며 이를 실천하기 위해 노력하고 있습니다.

김 동 인

현) 나주교육지원청 특수교육지원센터 교사

현) 국립공주대학교 특수교육종합연수원 '온통배움터' 직무연수 강사

현) 실천하는 특수교사 행동연구회 운영진

현) 조선대학교 특수교육과 비전임 강사

전) 광주여자대학교 중등특수교육과 겸임교수

교사는 과거의 것을 배워 오늘을 살아가는 학생들을 가르치기에 「거침없이 배우고, 끊임없이 연구하는 교사」가 되어야 합니다. 이러한 철학을 가지고 그것을 증명하기 위해 실천과 행동으로 옮겨내고 있습니다.

정 명 철

현) 부산혜원학교 교사

현) 한국장애인평생교육연구소 선임연구원

현) 티처빌원격교육연수원 '특수교육 수업레시피' 연수 강사

현) 국립공주대학교 특수교육종합연수원 '온통배움터' 직무연수 강사

전) 인제대학교 특수교육과 외래교수

실천하는 특수교사 행동연구회 부회장

'교사가 먼저 즐거워야 교실이 신난다.'라는 철학을 나눕니다. 실용신안 2건을 특허청에 등록했었고 보조공학기기와 AAC앱도 제작, 나눔하며 쉽게 쓸 수 있는 교육공학에 관심이 많습니다. 요즘엔 학생과 교사가 주인공이 되어 관심이 절로 가는 영상&그림 교육 콘텐츠 제작법을 나누는 데 노력하고 있습니다.

이 수 경

현) 한빛초등학교 교사

현) 티처빌원격교육연수원 '특수교육 수업레시피' 연수 강사

현) 국립공주대학교 특수교육종합연수원 '온통배움터' 직무연수 강사

현) 실천하는 특수교사 행동연구회 운영진

「배우며 실천하고 겸손한 자세로 행복하게 살아가기」라는 교육철학을 가지고 학생들이 교실 속에서 친구들과 어울리며 행복하게 성장하도록 지원하는 교사가 되도록 고민하고 이를 실천하기 위해 노력하고 있습니다.

이 현 희

현) 울산혜인학교 교사

현) 티처빌원격교육연수원 '특수교육 수업레시피' 연수 강사

현) 국립공주대학교 특수교육종합연수원 '온통배움터' 직무연수 강사

현) 실천하는 특수교사 행동연구회 운영진

「단 한 명의 아이도 포기하지 않는 교사」라는 교육철학으로 그림책을 활용한 문해력 지도, 노래와 그림책을 활용한 교육과정 재구성에 관심이 많으며 이를 실천하기 위해 노력하고 있습니다.

이 광 희

현) 소림학교 교사

현) 실천하는 특수교사 행동연구회 운영진

「모두가 행복한 교실을 만들자」라는 교육철학을 가지고 아이들의 삶을 어떻게 교육과정과 수업에 녹여낼지 고민하며 노력하고 있습니다. 또한, 학교 교육과정 및 교사 교육과정에 관심을 가지고 학교와 교사가 나아가야 할 방향을 모색하고 있습니다.

조 수 민

현) 창원천광학교 교사

호기심과 열정이 많아 이것저것 배우기를 좋아합니다. 아이들의 삶에서 소중한 순간을 함께함을 늘 기억하며 그 순간을 함께 행복으로 채워나가기를 소망하는 교사입니다. 교사교육과정을 배우고 실천하고 있으며, 앎이 삶으로 이어지는 수업을 고민하고 있습니다.

개별 맞춤형 교육을 위한

개념 기반 교사교육과정 [실천편]

2023년 7월 30일 1판 1쇄 발행
2023년 11월 30일 1판 2쇄 발행

저　자 : 한경화 김동인 정명철
이수경 이현희 이광희
조수민

발행인 : 한　정　주
발행처 : 교 육 과 학 사

경기도 파주시 광인사길 71
전화 (031)955-6956~8 / 팩스 (031)955-6037
Home-page : www.kyoyookbook.co.kr
E-mail : kyoyookbook@daum.net,
kyoyook@chol.com

등록 : 1970년 5월 18일 제2-73호

정가 15,000원
ISBN 978-89-254-1795-0